DESAROLLA
TU NEGOCIO

COMO UN
PROFESIONAL
LIBRO DE TRABAJO

ANDREW FRAZIER, MBA, CFA

Este libro solo está disponible en Small Business Pro University.

Prensa de Small Business Pro University
Correo electrónico: info@MySBPro.com
Sitio web: https://www.sbprou.com/espanol

Copyright © 2025 Andrew Frazier Jr.

Diseño de portada y presentación: Andrew Frazier

Edición: Barry Cohen, John Larrier, and Hurley Fox

Traducir; María Victoria Basanta

Número de control en la librería del congreso: xxxxxxxxxx

ISBN 978-1-970129-17-5

Impreso en los Estados Unidos de América

Otros Libros del Autor

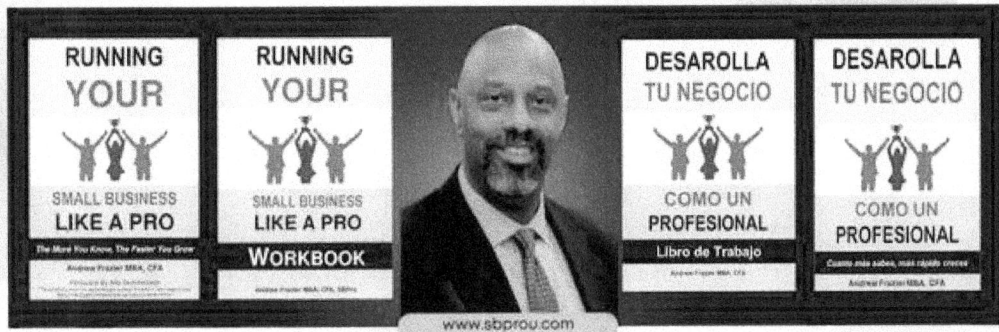

Próximamente…

- 99 Tips Comprobados para Vender Más, Maximizar Ganancias y Aumentar Tus Finanzas
- Aprendiendo el Lenguaje de Negocios: Lo que Todos Los Emprendedores Necesitan Conocer.
- Comercializar Como Un Narcotraficante y Gana Más Clientes.
- P.R.A.Y. para Finanzas: Obtén Financiamiento Más Rápido y Más Fácil

Índice

DESAROLLA TU NEGOCIO

COMO UN

PROFESIONAL

LIBRO DE TRABAJO

CAPÍTULO 1:

¿Cómo llegué aquí?

Capítulo 1: ¿Cómo llegué aquí?

https://www.sbprou.com/espanol

¿Cómo llegué aquí?

Cómo llegué aquí?" te ayudará a pensar y repensar sobre el propósito de tu negocio y tus planes de crecimiento. Al completar estas actividades, entenderás cómo terminaste donde estás hoy. Este capítulo también resalta el "camino crítico" que debes seguir para crear un negocio sustentable que se pueda manejar sin ti. El camino es trabajar en TU negocio (entrega de producto y servicio), luego en EL negocio (el modelo de optimización) y finalmente EN EL FUTURO de tu negocio (Expansión en el mercado).

Conceptos Clave del Capítulo:
¿Por qué quieres ser dueño de un negocio?
La importancia de crear una empresa
Crear y lograr tus metas
Planificación de negocio
Aumentar tu conocimiento
Incrementar tu capacidad
Entrega del producto y servicio
Optimización del modelo de negocio
Expansión de mercado
Metodología SBPro

Ejercicios para este capítulo:
Justificación empresarial
Propósito empresarial
Tipos de negocio
Plan de crecimiento personal
Tarea de autocomiento

Actividad 1: Justificación Empresarial - ¿Por qué estás en los negocios?

Justificación Empresarial SBPro

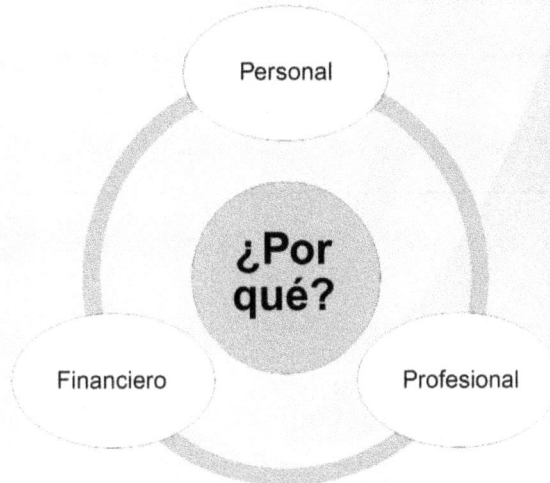

Copyright © 2018 Andrew Frazier Jr. All Rights Reserved

Por favor, lee las siguientes opciones y marca todos los motivos que apliquen para ti.

Libertad de ser tu propio jefe		Auto-actualización	
Flexibilidad de crear tu horario		Hacer más conexiones personales	
Más tiempo con tu familia		Volverte más rico	
Trabajas remoto o viajar		Diversificar tus ingresos	
Crear estabilidad a largo plazo		Crear un ingreso pasivo	
Impacto significativo para llenar un vacío		Crear algo por tu cuenta	
Pensaste que sería cool		Presionarte	
Cambiar tu estilo de vida		Aprender algo nuevo	
Reducir pago de impuestos		Salirte de la rueda de hámster	
Habilidad de trabajar con compañías y personas dinámicas e interesantes		Contratar y crear empleos para más personas	
Para hacer la diferencia		Ayudar a tu comunidad	
Presiones familiares		Por tus hijos	
Trabajo más interesante y llenador		No puedes trabajar con otros	
Dificultad para conseguir empleo		Inventaste algo	
Mayor libertad ante contratiempos		Para trabajar con quien quieras	

https://www.sbprou.com/espanol

En los siguientes espacios, elige tus tres motivos principales y explica por qué los elegiste. Por ejemplo, si elegiste "para hacer la diferencia", explica por qué esto fue uno de tus tres motivos principales y cómo esperas hacer una diferencia. Por ejemplo: "espero ayudar a otros emprendedores a ser más exitosos, permitiéndoles alcanzar sus metas"

| 1. |
| 2. |
| 3. |

https://www.sbprou.com/espanol

Actividad 2: Propósito Empresarial

Propósito Empresarial SBPro

Hobby

Sin Fines de Lucro

Trabajo Independiente

Empresa

Combina los siguientes Propósitos Empresariales con las definiciones correctas…

Propósito Empresarial	Respuesta
1. Organizado para lograr una misión más que para generar una ganancia, y para el cual, los ingresos de la organización serán distribuídos para la beneficencia.	
2. Una actividad a la que te sumas "por deporte o recreación, no para generar ganancias". Incluso, si generas ingresos ocasionales a través de dicha actividad, el propósito principal es otro aparte de generar una ganancia.	
3. Una organización orientada hacia los negocios, formada especialmente por fundadores que buscan tomar riesgos e iniciativas y perseguir expansión en terrenos empresariales en pro de obtener ganancias.	
4. Un individuo obtiene ingresos mediante la realización de operaciones rentables de un comercio o negocio que opera directamente.	

Actividad 3: Tus tipos de negocios

Hobby: A Pam siempre le gustaba dibujar en su tiempo libre. Era muy artística y creativa, y pronto empezó a pintar todos los días después del trabajo. Aunque no ganaba dinero pintando, lo disfrutaba. La ayudaba a relajarse y a pasar el tiempo. Al poco tiempo, la gente empezó a preguntar si podían comprar las pinturas. Pam se emocionó y aceptó vender algunas. ¡Estaba encantada de ganar algo de dinero con algo que antes hacía gratis!

Sin Fines de Lucro: Michael se sentía frustrado por la falta de agua potable en su ciudad. Conocía a muchas personas que no tenían acceso a agua potable, así que creó un plan de negocios para fundar una organización sin fines de lucro que pudiera abordar esta necesidad. Empezó a recaudar fondos y a contactar donantes. Contrató a algunas personas para que lo ayudaran en su misión de solucionar este problema. El objetivo principal de su negocio no era ganar dinero, sino abordar el problema del agua potable.

Self-Employment: Cuando Ryan ya no quiso trabajar en el gran bufete de abogados en el que había trabajado durante 25 años, montó su propio negocio. Ryan era mayor y tenía suficientes clientes como para mantenerse ocupado y generar ingresos más que suficientes. Pudo seguir ahorrando para su jubilación y disfrutaba trabajando por cuenta propia. Ryan no necesitaba ni deseaba contratar empleados.

Empresa: A medida que el negocio pesquero de David crecía, empezó a contratar empleados y a sentar las bases para escalar (sin doble sentido). Tras unos años de crecimiento constante, David empezó a contratar empleados de alto nivel para ampliar sus instalaciones y liberarse de muchas tareas diarias.

Utilizando la información anterior, ¿qué tipo de negocio estás llevando adelante actualmente, qué tipo te gustaría ser y por qué?

1. Actualmente soy:
2. Me gustaría ser:

https://www.sbprou.com/espanol

Actividad 4: Plan de Crecimiento Personal

Plan de Crecimiento SBPro

Copyright © 2018 Andrew Frazier Jr. All Rights Reserved

¿Cuáles son tus fortalezas, y dónde se posiciona tu expertise?

¿Cuáles son tus debilidades, y dónde necesitas ayuda?

Actividad 5: Tarea de autoconocimiento

Marca tu nivel de conocimiento para cada una

Area de Conocimiento	Nivel de Conocimiento			
Ventas	Ninguno	Poco	Proeficiente	Experto
Networking:				
Telemarketing:				
Ventas en persona:				
Ventas en línea:				
Marketing				
Relaciones Públicas:				
Público Objetivo:				
Campañas:				
Planes:				
Management				
Estrategia:				
Liderazgo:				
Legal/RRHH:				
Manejo de Tiempo:				
Creación de Metas:				
Operaciones:				
Leyes Corporativas:				
Redes Sociales / Páginas web				
Creación de páginas web:				
SEO de páginas web:				
LinkedIn:				
Instagram/Facebook:				
Twitter:				
YouTube:				
Yelp:				
Publicidad virtual:				
Tecnología				
Softwares de Contabilidad:				
Hojas de Cálculo:				
Google Drive/Docs:				
ERP / MRP:				
Sistemas CRM:				
Finanzas:				
Contaduría:				
Facturación:				
Nóminas:				
Proyecciones:				
Impuestos:				

Elige tres áreas en las que te gustaría aprender más:

https://www.sbprou.com/espanol

1.
2.
3.

¿Cuál de estos métodos de aprendizaje planeas emplear?

Vídeos de YouTube	Cursos en línea	Seminarios/Cursos
Contratar a Expertos	Leyendo libros	Entrevistas
Grupos de Ayuda	Ensayo y error	Organizaciones profesionales
Coaching individual	Búsqueda en línea	Cursos Universitarios

Camino Crítico SBPro

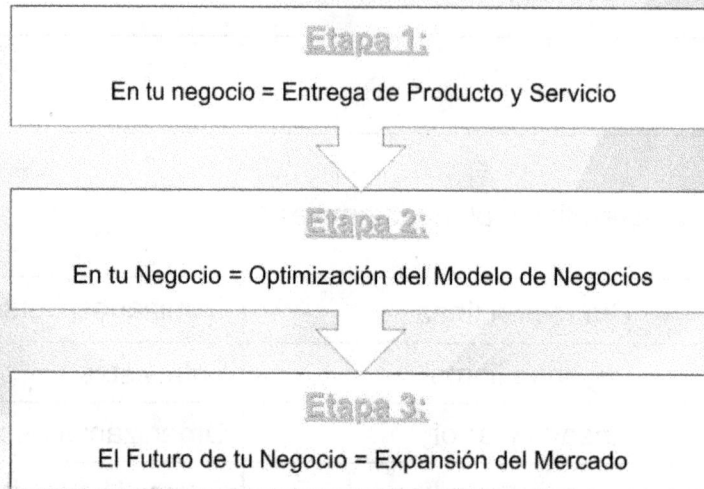

Etapa 1:

En tu negocio = Entrega de Producto y Servicio

Etapa 2:

En tu Negocio = Optimización del Modelo de Negocios

Etapa 3:

El Futuro de tu Negocio = Expansión del Mercado

Metodología SBPro

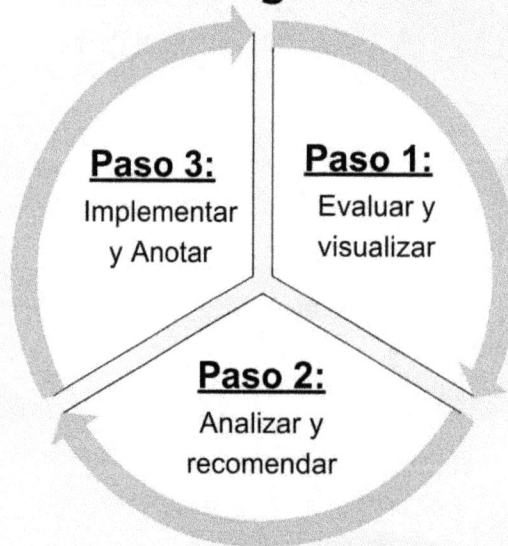

Paso 3:
Implementar y Anotar

Paso 1:
Evaluar y visualizar

Paso 2:
Analizar y recomendar

https://www.sbprou.com/espanol

Aprendizajes clave:

Capítulo 1: ¿Cómo llegué aquí?

1) Considera por qué eres un emprendedor y qué beneficios buscas.

2) Entiende si crear una empresa es crítico para lograr tus metas.

3) Desarrolla y actualiza continuamente un plan para crecer tu conocimiento empresarial, la capacidad de tu organización y el mercado al que sirven.

4) Sigue el camino crítico de trabajar EN tu negocio (entrega de producto y servicio), luego EN tu negocio (optimización del modelo de negocios) y finalmente EN EL FUTURO de tu negocio (expansión del mercado).

5) Usa la metodología SBPro como proceso de mejora continua.

¡Aprende, Gana y Crece!

www.SmallBusinessLikeAPro.com

DESAROLLA TU NEGOCIO

COMO UN
PROFESIONAL
LIBRO DE TRABAJO

CAPÍTULO 2:

¿El Trabajo Más Importante?

Capítulo 2: ¿Cuál es mi trabajo más importante?

¿Cuál es mi trabajo más importante?

Conceptos Clave del Libro

> Marketing y bender
> Entrenar, practicar y aprender de otros negocios
> Reducir el Mercado Objetivo
> Branding
> Enfoque en el Cliente

Lista de Actividades

> ¿Quién es más propicio a comprarte?
> Presupuesto para Marketing
> Crear relaciones
> Fortalezas y Debilidades
> Proposición de Ventas Única
> Proceso Comercial de 4 pasos
> Ideación
> Creando tu Pitch

3 razones para comercializar como un narcotraficante

Al trabajar con más de 1000 propietarios de pequeñas empresas en diversos sectores, he descubierto que comercializar eficazmente es un gran reto. No necesariamente porque no quieran, sino porque quizá no sepan cómo hacerlo. Como parte de mi coaching, les digo a mis clientes que deben promocionar su negocio como un narcotraficante. El escepticismo es común, pero las personas siempre encuentran esta actividad valiosa porque es una forma sencilla de aprender los tres factores más importantes para comercializar su pequeña empresa de forma más eficaz.

Actividad 1: No le vendas a todo el mundo (Mercado Objetivo)

¿Por qué es esencial encontrar el mercado objetivo adecuado?

- Para ser más efectivos y eficientes
- Aumenta la tasa de conversión
- Reduce el costo de adquisición de clientes
- Atraes a personas que realmente valoran lo que ofreces
- Permite enfocarse en el valor, no solo en el precio
- Tienes recursos limitados para invertir, así que debes usarlos con inteligencia
- Te ayuda a comunicarte de forma más clara y directa
- Reduce el tamaño del "campo de batalla" (menos competencia, más enfoque)
- Dedicas tu tiempo solo a clientes potenciales reales
- Ahorras tiempo y energía
- Obtener retroalimentación valiosa de personas genuinamente interesadas en tu producto

Actividad 2: No sobre pagues por Marketing (Presupuéstate)

Las elecciones son ganadas al enfocarse en personas que son más propensas a votar, así como **los negocios son ganados** al **enfocarse en** aquellos que son **más propensos a comprar.**

¿Quién es más propenso a comprarte?

Necesidades, deseos, anhelos	
Ubicación geográfica	
Industria(s) / Nacionalidad(es)	
Número de Empleados	
Tomador de decisiones / Raza	
Rango de Ingresos	
Edad / Rango de años laborando	
Relación / Afinidad	
Educación / Hobbies	
Tipo de empleo / Cargo	

Muchos nuevos empresarios suelen gastar demasiado dinero en marketing y publicidad, lo que pone a su nuevo negocio en una posición comprometida. Es fácil gastar demasiado en marketing, y los costos pueden descontrolarse rápidamente. Asegúrese de planificar y evitar malgastar dinero en actividades que no le permitan generar ingresos adicionales.

A continuación, hay una breve actividad presupuestaria para ayudarle a estimar y planificar sus gastos de marketing. Junto a cada gasto, anote cuánto planea gastar. Luego, suma estos elementos para obtener tu presupuesto total. Esta cifra puede ser tus costos iniciales o anuales. Te proporcionamos cifras aproximadas para ayudarle. Después de completar la actividad, tómate un momento para reflexionar si esta cantidad total es demasiado alta en función de tus ingresos y otros gastos.

Presupuesto para Marketing:

Tarjetas de Presentación	($10 - $150)	
Dominio y Correo electrónico	($10 - $350)	
Página Web	($0 - $20,000)	
Brochures	($0 - $500)	
Video	($0 - $10,000)	
Logo	($0 - $1,250)	
Fotografías	($0 - $750)	
Otros:		
Otros:		
Otros:		
	Presupuesto Total	

*RANGO DE PRESUPUESTO ILUSTRATIVO REFLEJADO EN DÓLARES ESTADOUNIDENSES

Actividad 3: Haz Amigos (Relaciónate)

Un negocio puede funcionar sin muchas cosas, pero el marketing y las ventas no son una de ellas.

¿De qué maneras puedes construir relaciones hoy?

1.	
2.	
3.	
4.	
5.	
6.	
7.	
8.	

De la lista a continuación, marca si una habilidad es una fortaleza, neutral o debilidad. A continuación, escribe cómo puedes mejorar esa debilidad y usar una fortaleza para impulsar el crecimiento de tu empresa.

Habilidad	Fortaleza	Neutral	Debilidad
Escucha activa			
Pláticas cortas			
Introducciones por amistades			
Seguimientos rápidos			
Recordar fechas importantes			
Habilidades comunica			
Perfiles de redes sociales			
Extensión personal			
Empatía			
Narración			
Actividad en redes sociales			
Llamadas en frío			
Paciencia			
Compromiso/Confiabilidad			
Recordar nombres			
Generosidad			
Integridad			
Perspectiva positiva			

https://www.sbprou.com/espanol

¿Cómo puedo mejorar una debilidad?
¿Cómo puedo utilizar una de mis fortalezas para el crecimiento de mi compañía?

Es importante encontrarte con tus clientes **donde ellos están**. Por ejemplo, si estás vendiendo un producto para mujeres mayores, deberías enfocarte en canales de marketing muy distintos a los que usarías si vendieras un producto para hombres universitarios.

Algunos factores clave a considerar:

1. **Hábitos de consumo de medios:** televisión, radio, redes sociales, videos en línea

2. **Relaciones personales:** amistades, familia, trabajo, escuela, vecinos

3. **Actividades:** vida social, deportes, familia, participación en organizaciones, causas sociales, religión, gimnasio, YMCA u otros centros comunitarios

4. **Hábitos de compra:** tiendas en línea, centros comerciales, catálogos, boutiques, mercados de pulgas, ferias callejeras, etc.

5. **Estilo de comunicación:** llamadas, mensajes de texto, correo físico, fax, redes sociales.

https://www.sbprou.com/espanol

¿Por qué la gente debería elegir comprarte a ti?

¿Cuál es tu valor o proposición única?

1.
2.
3.

El comercial de 60 segundos

El proceso comercial de 4 pasos

Paso 1: Crea la necesidad - Usa datos sobre las necesidades, deseos o aspiraciones de tus clientes para crear una conexión emocional. Los clientes potenciales quieren sentir que entiendes lo que necesitan. A través de hechos concretos, puedes identificar sus problemas o retos y demostrar que comprenden sus necesidades específicas. Por ejemplo, con los seguros de vida: pocas personas van por la vida pensando en comprarlos. Entonces, ¿cómo logran los agentes de seguros que las personas se interesen? Usan hechos como hacer que la persona piense en lo que pasa cuando uno de los miembros de una pareja fallece. "¿Alguna vez has ido a un velorio donde la familia tuvo que pasar el sombrero para cubrir los gastos del funeral?" Después de escuchar algo así, es mucho más probable que la persona considere que necesita un seguro de vida.

Ahora, escribe tres hechos, preguntas o creencias que te ayuden a mostrarle a tus clientes que entendemos sus necesidades y desafíos de negocio.

1.
2.
3.

Paso 2: Presenta tu solución - Explica quién eres y cómo vas a resolver el reto de tu cliente. Comparte cuál es tu solución y qué te diferencia de la competencia. Por ejemplo, en el caso del seguro de vida, el agente podría decir: "Como agente independiente, ofrezco pólizas de todas las principales aseguradoras, asegurándose de que las personas obtengan los mejores productos y precios disponibles."

Ahora, escribe tres razones por las que tú eres diferente y cómo las soluciones que ofreces responden a los problemas que mencionaste en el paso uno

¿Qué te hace diferente?

1.
2.
3.

¿Cómo ayudarás?

1.
2.
3.

Paso 3: Da un ejemplo - Ayuda a la persona a visualizar cómo se beneficiaría de tu solución contándole la experiencia de alguien más. Por ejemplo: "Mi cliente, Juan Pérez, falleció el mes pasado a los 42 años. En ese momento tan difícil para su familia, le entregué a su esposa, María, un cheque por un millón de dólares para que pudieran mantener su estilo de vida y asegurarse de que sus hijos, Lisa y Tommy, aún puedan ir a la universidad."

A continuación, escribe dos ejemplos de clientes anteriores a quienes hayas ayudado.

1.
2.

Paso 4: Cierre fuerte con una invitación suave - Abre la puerta para iniciar una conversación y comenzar a construir una relación con clientes potenciales. Por ejemplo: "Aunque fue una situación desafortunada, imagina lo mucho peor que habría sido si Juan no se hubiera sentado conmigo a tiempo para obtener la cobertura que necesitaba."

A continuación, escribe DOS frases breves ("ganchos") que puedas usar para iniciar una conversación con un cliente potencial. Usa el ejemplo anterior como guía.

1.
2.

Evalúa tu respuesta para determinar los siguientes pasos. Si hacen preguntas o inician una conversación sobre lo que puede hacer por ellos, pasarán de ser prospectos a clientes potenciales. Sin embargo, quienes no lo hacen son clientes improbables, pero sí potenciales fuentes de referencia.

https://www.sbprou.com/espanol

Actividad 7: Ideación

Paso 1: A continuación, hay una lista de 3 hechos que demuestran que comprendes las necesidades y los problemas de los clientes.

Ejemplo:

a. Muchas pequeñas empresas con productos y servicios superiores pierden porque sus competidores más grandes las superan en el mercado.

b. Los profesionales suelen tener miedo de comercializar por temor a que esto los haga parecer poco profesionales.

c. Los profesionales con altas credenciales a menudo no logran una alta visibilidad pública.

Creando la necesidad

1.

2.

3.

Paso 2: A continuación, hay una lista de 3 razones por las que eres diferente y al menos tres soluciones para abordar los problemas mencionados en el punto uno.

¿Por qué eres diferente?

a. Aportamos un enfoque de marketing de productos de consumo a profesionales del marketing.

b. Ofrecemos una atención personalizada a nuestros clientes.

c. Cobramos nuestros servicios con una tarifa fija predecible.

Soluciones

a. Ayudamos a autores noveles y desconocidos a alcanzar la categoría de expertos.

b. Colocamos a profesionales en prestigiosos medios de comunicación.

c. Impulsamos la formación de profesionales convirtiéndolos en líderes de opinión.

Diferencias

1.
2.
3.

Soluciones

1.
2.
3.

https://www.sbprou.com/espanol

Paso 3: A continuación, hay dos ejemplos de clientes anteriores a los que has ayudado.

Ejemplos

1. Al renovar su libro y posicionar a la autora en prestigiosos medios de comunicación, ayudamos a la empresa de Jane Doe a atraer nuevas oportunidades de negocio. Si Jane hubiera intentado comercializar la versión original de su libro por su cuenta, nunca habría alcanzado su nivel actual de prominencia tan rápidamente.

2. Tras publicar su libro, John Doe es ahora un ponente muy solicitado en numerosas conferencias y eventos del sector. Si John no hubiera decidido seguir adelante con su libro, no habría tenido la credibilidad necesaria para buscar inversión para su próximo proyecto.

1.

2.

Paso 4: Cierra firme con pregunta suave: Abre la puerta para iniciar una conversación y forjar una relación con clientes potenciales. Por ejemplo, "Aunque es una situación desafortunada, piensa en cuánto peor habría sido si John no se hubiera reunido conmigo y obtenido la cobertura que necesitaba".

A continuación, proporciona dos "ganchos" de una sola frase para iniciar una conversación con un cliente potencial. Usa el ejemplo anterior como guía.

Ejemplos

1. ¿Hay alguna razón por la que no querrías atraer nuevas oportunidades de negocio apareciendo en medios de comunicación prestigiosos?

2. ¿Ser un ponente solicitado en numerosas conferencias y eventos del sector no te ayudaría a alcanzar tus objetivos más rápido y fácilmente?

"Ganchos" de cierre suave

1.

2.

https://www.sbprou.com/espanol

Actividad 8: Crea tu Pitch

Ejemplo

Como cambiar la conversación en una fiesta, un restaurante, un parque, una tienda...

Paso 1: Crea La Necesidad

"Este alimento o flor es increíble, y no sería posible sin las abejas. Ojalá no se extingan pronto. ¿Sabías que están desapareciendo a un ritmo alarmante debido al uso excesivo de pesticidas en los cultivos, y que la extinción de las abejas significa el fin de la humanidad?"

Ahora que se ha establecido la necesidad y el tema de conversación está donde quieres que esté, se puede presentar la solución (el producto)...

Paso 2: Propón Una Solución

"Para combatir este declive, mi negocio ayuda a las personas a salvar a las abejas y a disfrutar de miel fresca. Llevamos dos colmenas a su patio trasero para que sus jardines y flores prosperen, tengan toda la miel que deseen y estén ayudando a la agricultura estadounidense y a que las abejas se mantengan vivas."

Es fundamental dar un ejemplo de cómo funciona su solución para que puedan imaginar cómo les beneficiaría.

Paso 3: Da Un Ejemplo

"Por ejemplo, un agricultor, uno de nuestros clientes, compró cuatro colmenas el año pasado. Duplicó su producción, produjo suficiente miel para vender en el mercado y ayudó a salvar el planeta salvando a más de 100.000 abejas."

Por último, debe comprobar si tienen interés (una oportunidad de venta).

Paso 4: Cierra Fuerte Con Una Pregunta Suave

"¿Hay alguna razón por la que no querrías ayudar a salvar a la humanidad criando abejas y, al mismo tiempo, mejorar tu jardín y disfrutar de miel natural?"

A partir de aquí, querrás responder a cualquier pregunta que tengan y hacer seguimiento si encuentran alguna pista.

Tu Turno

Ahora, es hora de unir todo junto y escribir tu comercial de 60 segundos aquí abajo...

Crea la necesidad...
Propón una solución...
Da un ejemplo...
Cierra fuerte con una pregunta suave...

Capítulo 2: ¿Cuál es mi trabajo más importante?

1) Recuerda que tu trabajo más importante es vender y hacer marketing, y deberías dedicarle al menos 2 horas al día.

2) Es fundamental mejorar constantemente tus habilidades a través de la capacitación, la práctica y aprendiendo de lo que hacen otros negocios.

3) Cuanto más pequeño y definido sea tu mercado objetivo, mayores serán tus probabilidades de éxito.

4) La marca (branding) es trabajar de forma proactiva para construir la imagen que quieres que otros tengan de tu negocio.

5) Las personas no compran lo que vendes, compran lo que creen que eso hará por ellas. Enfócate en el cliente y háblale directamente a sus necesidades.

¡Aprende, Gana y Crece!

www.SmallBusinessLikeAPro.com

DESAROLLA TU NEGOCIO

COMO UN
PROFESIONAL
LIBRO DE TRABAJO

CAPÍTULO 3:

¿Cuál es mi mayor miedo?

Capítulo 3 – ¿Cuál es mi mayor miedo?

Capítulo 3

¿Cuál es mi mayor miedo?

Conceptos Clave del Libro

Entendiendo Los Números
Buenas decisiones vs aprender de las malas
decisiones

Lista de Ejercicios:

Relacionar – Términos financieros
clave
Relacionar – Estados financieros
Relacionar – Definiciones
Relacionar – Modelo de negocio
Opción múltiple – Categorías de
negocios
Llenado de fórmulas
Opción múltiple – Gastos del negocio
Clasificación del estado de resultados
Clasificación del balance general
Clasificación del flujo de efectivo
Relacionar – Estado de flujo de
efectivo

Actividad 1: Términos financieros clave

Relaciona las siguientes cuentas con sus definiciones contables correspondientes:

Activos _____	1. La cantidad neta de dinero que se transfiere dentro y fuera de una empresa, especialmente en lo que afecta a la liquidez.
Pasivo _____	2. El nivel de propiedad o valor contable.
Ingresos _____	3. Cualquier cosa de valor que se haya comprado y se conserve dentro del negocio.
Equidad _____	4. Las deudas u obligaciones legales y financieras de una empresa que surgen durante las operaciones comerciales regulares.
Gastos _____	5. Costos asociados con el funcionamiento de un negocio
Ganancias _____	6. Ingresos brutos generados por operaciones comerciales normales con descuentos y devoluciones incluidos
Flujo _____	7. una ganancia financiera, la diferencia entre ventas y gastos

Actividad 2: Estados financieros clave

Relaciona los nombres y definiciones de los estados financieros clave.

Estados Financieros ____	a. Importe neto de efectivo y equivalentes de efectivo que se transfieren dentro y fuera de una empresa
Hoja de balances ____	b. Indica cuánto dinero ganó la empresa al restar los gastos (fijos y variables) de los ingresos (ventas). También se conoce como resultado.
Flujo de Efectivo ____	c. Un estado financiero que informa los activos, pasivos y capital social de una empresa en un momento específico.

https://www.sbprou.com/espanol

Actividad 3: Definiciones

Relacione las siguientes cuentas con sus definiciones correspondientes.

Cuentas por pagar	_____	1. Valor de las materias primas disponibles, el trabajo en curso y los productos terminados según el costo
Depreciación	_____	2. Gastos que se han pagado por adelantado
Ganancias retenidas	_____	3. Dinero adeudado a la empresa por los clientes
Cuentas por cobrar	_____	4. Dinero que una empresa debe a sus proveedores
Inventario	_____	5. Una reducción del valor de un activo a lo largo del tiempo.
Pagarés	_____	6. Pagos de inversores a cambio de acciones de una entidad.
Gastos pagados por adelantado	_____	7. Un acuerdo que una empresa debe a otra persona o empresa.
Capital pagado	_____	8. La utilidad neta acumulada de la empresa que se retiene dentro de la empresa.

Actividad 4: Modelos de negocio

Relacione las categorías claves del modelo de negocio.

Costo de los Bienes Vendidos _____	a. Gastos de negocio que deben pagarse haya ventas o no
Ganancia _____	b. Ventas totales menos gastos totales
Costos variables _____	c. Gastos de negocio que tienen una relación directa con las ventas
Costos fijos _____	d. la ganancia financiera después de deducir el costo de entregar los productos y servicios de una empresa
Beneficio bruto _____	e. el valor contable de los bienes vendidos durante un período determinado
Ingresos netos _____	f. Ingresos brutos generados por los clientes menos descuentos y devoluciones

Actividad 5: Categorías

Clasifique las palabras en las categorías: activo (A), pasivo (P) o gasto (G)

Efectivo	_____	Cuentas por pagar	_____
Utilidades	_____	Salarios a pagar	_____
Equipamento	_____	Renta	_____
Impuestos sobre la renta	_____	Pagarés	_____
Coche de la compañía	_____	Oficinas	_____
Cuentas por cobrar	_____	Suministros	_____
Intereses a pagar	_____	Cuentas de ahorro	_____
Inventario	_____	Terrenos	_____

Actividad 6: Llenado de fórmulas

Completa la fórmula utilizando el banco de palabras que aparece a continuación.

Flujo de efectivo = _____ – _____

Ganancias = _____ – _____

Activos = _____ + _____

Banco de Palabras
• Equidad
• Salidas de efectivo
• Gastos
• Ventas
• Entradas de efectivo
• Pasivos

Actividad 7: Gastos del negocio

Al presupuestar y obtener cifras esenciales, es fundamental conocer la diferencia entre costos fijos y costos variables. Para que practiques, hemos enumerado algunos gastos que toda empresa tiene, y debes clasificar cada uno en la categoría adecuada. Determina el costo fijo (CF) o el costo variable/COGS (CV).

Seguro	_____	Impuestos sobre la propiedad	_____
Salarios	_____	Tarjetas de Crédito	_____
Utilidade	_____	Renta	_____
Materia Prima	_____	Comisiones	_____
Gastos por intereses	_____	Salarios de empleados de producción	_____

Actividad 8: estado de Resultado

Categorización del estado de resultados

Un Estado de Resultados muestra cuánto dinero ganó el negocio al restar los gastos (fijos y variables) de los ingresos por ventas. También se le conoce como Estado de Pérdidas y Ganancias (P&L) o modelo de negocio. En el ejercicio de abajo, llena la columna de "Tipo" con la abreviatura de la sección correspondiente del estado de resultados para cada elemento del banco de palabras. Este ejercicio te ayudará a aprender las partes de un Estado de Resultados.

Estado de Resultados

Nombre de la Compañía: *R on 's Jew el r y*

Fecha:

Ganancias:

R	$	10,398.00
R	$	5,293.00
Ganancias Totales:	$	15,691.00

Costo de los bienes vendidos (COGS)

CGS	$	2,387.00
CGS	$	1,783.00
CGS	$	290.00
Costo total de los bienes vendidos:	$	4,460.00
Utilidad bruta (o pérdida):	$	11,231.00

Gastos fijos:

FE	$	2,500.00
FE	$	250.00
FE	$	223.00
FE	$	80.00
COSTOS FIJOS TOTALES	$	3,053.00

UTILIDAD NETA	$	8,178.00

Banco de palabras
(escribe la abreviatura correspondiente a la sección del estadvo de resultados junto a cada elemento)

	TIPO		TIPO
Servicios (agua, luz, gas, etc.)		Costos de envío	
Insumos para pulseras		Seguro	
Renta		Ventas de pulseras	
Internet		Insumos para collares	
Ventas de collares			

Actividad 9: Balance general

Categorización del balance general

A Balance Sheet provides the financial position of the business at a single point in time, like a personal net worth statement. Financial statements make it much easier to both understand and manipulate the numbers. A lot of additional information about your business can be learned by analyzing the financial statements. For more information on the importance of the numbers and financial statements see Chapter 3 of Running Your Small Business Like a Pro. Complete the exercise at the bottom of the sheet.

Balance Sheet

Company Name:

Date:

Assets			Liabilities		
Current Assets			**Current Liabilities:**		
CA	$	100.00	CL	$	200.00
CA	$	5.00	CL	$	150.00
CA	$	100.00	CL	$	45.00
CA	$	50.00	Total Current Liabilities	$	395.00
CA	$	75.00			
Total Current Assets	$	330.00			
			Long Term Liabilities		
Fixed Assets			LTL	$	700.00
FA	$	2,000.00	LTL	$	1,000.00
FA	$	1,200.00	Total Long Term Liability	$	1,700.00
Total Fixed Assets	$	3,200.00			
			Equity		
			E	$	600.00
			E	$	835.00
			Total Equity	$	1,435.00
Total Assets	$	3,530.00	Total Liabilities & Equity	$	3,530.00

Word Bank (Write the corresponding section abbreviation next to each item)			
Building & Equipment		Accounts Payable	
Loans		Retained Earnings	
Paid In Capital		Depreciation	
Mortgage		Inventory	
Accounts Receivable		Prepaid Expenses	
Unpaid Expenses		Notes Payable	
Cash		Deposits	

Actividad 10: Flujo de efectivo

Categorías del estado de flujo de efectivo

Invertir el flujo de efectivo _____	1. La cantidad de efectivo que una empresa tiene al inicio del ejercicio fiscal. Esta es igual al saldo de caja del ejercicio fiscal anterior.
Fin del efectivo _____	2. Efectivo relacionado con la obtención de capital, dividendos y pago de deuda, que proporciona información sobre cómo una empresa financia sus operaciones y crecimiento.
Flujo de caja operativo _____	3. La diferencia entre las entradas y salidas de efectivo totales de una empresa durante un período específico proporciona información sobre su salud financiera y su liquidez.
Flujo de efectivo neto _____	4. La cantidad de efectivo o equivalente que tiene una empresa al final de un período específico.
Financ. del flujo de caja _____	5. Efectivo generado o gastado en actividades como comprar o vender activos a largo plazo, valores u otras empresas.
Flujo de efectivo inicial _____	6. El efectivo que una empresa genera a partir de sus actividades comerciales principales.

https://www.sbprou.com/espanol

Actividad 11: Estado de flujo de efectivo

Coincidencia de actividades del estado de flujo de efectivo

Determine qué actividades de flujo de efectivo se ven afectadas por las siguientes transacciones:

Flujo de caja operativo "**O**" - Invertir el flujo de efectivo "**I**" - Financiamiento del flujo de caja "**F**"

No es un flujo de efectivo "**N**"

Préstamo del Banco	_____	Venta facturada	_____
Compra de inventario en efectivo	_____	Compra de equipo	_____
Pago de servicios públicos	_____	Renta	_____
Materia Prima	_____	Comisiones	_____
Intereses de un préstamo	_____	Salarios de los empleados de prod.	_____
Comprar un edificio	_____		
		Compra de acciones	_____
Pago del capital del préstamo	_____		
		Venta en efectivo	_____
Salarios de empleados admin.	_____		
		Crédito por compra de inventario	_____
Depreciación	_____	Compra con tarjeta de crédito	_____

https://www.sbprou.com/espanol

Aprendizajes Clave:

Capítulo 3: ¿Cuál es mi mayor miedo?

1) Hacer los números no es tan aterrador como parece.

2) No puedes entender tu negocio si no entiendes los números.

3) Sin números, terminas trabajando *dentro* de tu negocio en lugar de *sobre* tu negocio.

4) Los números te ayudan a planear con más efectividad y anticipar problemas.

5) Esperar solo te costará más dinero (es decir, tomar buenas decisiones y aprender de decisiones equivocadas).

¡Aprende, Gana y Crece!

www.SmallBusinessLikeAPro.com

DESAROLLA TU NEGOCIO

COMO UN PROFESIONAL
LIBRO DE TRABAJO

CAPÍTULO 4:

¿Dónde Encontraré el dinero?

Capítulo 4 – ¿Dónde encontraré el dinero?

Capítulo 4

¿Dónde encontraré el dinero?

Conceptos Clave del Capítulo:

>
> Puntuación e historial crediticio personal
> Colateral
> Declaración de Impuestos
> Divulgación completa y credibilidad

Lista de ejercicios

>
> Verdadero o falso
> Opción múltiple – Crédito personal
> Relaciona – Tipos de inversores
> Relaciona – Documentos de financiamiento
> Verdadero o falso
> Relaciona – Terminología de Crédito

Obtener financiamiento no es fácil, y el Capítulo 4 está diseñado para informarte sobre los desafíos y cómo aumentar tus posibilidades de obtenerlo. P.R.A.Y. por financiamiento es una estrategia comprobada para mejorar la probabilidad y la magnitud de la financiación para tu negocio…

Prepare	**R**esearch	**A**ssemble	**Y**ield
Prepárate	**I**nvestiga	**E**nsambla	**P**roduce

Actividad 1: Verdadero o Falso

Conocimientos útiles sobre financiamiento

	V o F
Desde la crisis financiera de 2008, obtener financiación empresarial se ha vuelto mucho más fácil.	
La cantidad de documentación, planificación y preparación necesarias para la financiación es mucho mayor.	
La mayoría de los propietarios de pequeñas empresas que buscan financiación no la consiguen porque carecen de un plan de negocios viable y/o del flujo de caja necesario.	
El conocimiento sobre cómo funciona su negocio no incluye conocer su modelo de negocio.	
La financiación colectiva es una forma sencilla de recaudar capital.	
Financiar su negocio con subvenciones es la mejor estrategia.	
Un préstamo a tipo de interés variable siempre es mejor que un préstamo a tipo de interés fijo.	
La mayor razón para subestimar lo que se necesita para iniciar su negocio es no incluir el capital de trabajo.	
No importa si su contador sabe si usted está buscando financiación.	
Si sus costos iniciales son de $100,000, lo más probable es que necesite aportar un mínimo de $25,000.	

https://www.sbprou.com/espanol

Actividad 2: Crédito personal

Para comprender mejor los puntajes e informes crediticios, completa la siguiente actividad de opción múltiple.

Conocer tu puntaje crediticio, comprender tu informe crediticio y trabajar para mejorarlo es fundamental para que tu negocio obtenga la financiación que necesita. Si no conoces tu puntaje, el sitio web de cualquier agencia de crédito o su banco, probablemente tenga un informe crediticio gratuito. Una vez que conozcas tu puntaje, revisa tu informe crediticio para comprender sus aspectos positivos y negativos y elabora un plan para mejorarlo.

Pregunta	Empleadores	Prestamistas de autos	emisores de tarjetas de crédito	Agencias de Cobranza
¿Qué grupo(s) no pueden acceder a tu informe de crédito sin permiso por escrito?				

Entendiendo los Reportes de Crédito	Dañino	Beneficioso	Neutral
1. Solicitar muchas líneas de crédito es…			
2. Disputar inexactitudes en tu reporte es…			
3. Obtener una copia de tu reporte es…			
4. Pagar un saldo vencido te es…			
5. No pagar a tiempo es…			
6. Obtener ayuda profesional es…			
7. Pagar tu deuda vencida es…			
8. Contactar a sus acreedores es…			
9. Dejar cuentas abiertas con saldo cero es…			

https://www.sbprou.com/espanol

Actividad 3: Tipos de inversores

Empareja a los diferentes tipos de inversores

Inversión personal ____	1. Ideal para préstamos de $10,000 o menos, o hasta $25,000 o $50,000. Estos prestamistas se enfocan en empresas que no pueden obtener financiamiento bancario tradicional.
Familia y Amigos ____	2. Es mejor cuando se trabaja con empresas grandes e instituciones gubernamentales, que pueden tardar entre 45, 60 y 90 días antes de pagarle una factura.
Micropréstamo ____	3. Particulares y grupos de personas que han reunido su dinero y desean invertir en empresas emergentes prometedoras y negocios en etapa inicial.
Prestamistas de Flujo ____	4. El primer paso en el proceso financiero; nadie te dará dinero sin esto
Crédito comercial ____	5. Es extremadamente difícil de obtener y hay muchas condiciones.
Factoraje (AR y PO) ____	6. Estos prestamistas van desde bancos comerciales, comunitarios, de ahorro, de inversión, mercantiles y privados hasta cooperativas de crédito.
Banca tradicional ____	7. Le financiaremos en función del flujo de caja que entra y sale de su negocio.
Angel Investors ____	8. Una inversión probable porque te conocen o te aprecian
Capital de Riesgo ____	9. Generalmente, se requiere que una empresa sea rentable con un producto o servicio probado y tenga potencial de crecer significativamente.
Capital privado ____	10. Implica obtener condiciones de pago de sus proveedores para que usted no tenga que pagarles contra reembolso.

Actividad 4: Documentos clave para el financiamiento

Empareja a los documentos requeridos

Declaración de impuestos personales/empresariales _____	1. Es un informe que enumera las facturas de clientes impagas y las notas de crédito no utilizadas por rangos de fechas.
Estados de cuenta del año hasta la fecha _____	2. Es un registro impreso del saldo de una cuenta bancaria y de los montos que se han pagado en ella y retirado de ella, emitido periódicamente al titular de la cuenta.
Estados financieros personales _____	3. Es un documento que establece los objetivos futuros de una empresa y las estrategias para alcanzarlos.
Informe de antigüedad de cuentas por cobrar _____	4. Es una descripción general de lo que su empresa debe por suministros, inventario y servicios.
Calendario de deuda _____	5. Es un formulario en el que el propietario de un negocio realiza una declaración anual de ingresos y circunstancias personales, utilizado por las autoridades fiscales para evaluar la responsabilidad fiscal.
Plan de negocios _____	6. Son los documentos que se presentan inicialmente ante la autoridad correspondiente y se conocen como Artículos de Incorporación.
Licencia para conducir _____	7. Se establece toda la deuda que tiene una empresa en un cronograma basado en su vencimiento, generalmente utilizado por las empresas para construir un análisis de flujo de efectivo
Estados de Cuenta _____	8. Es un documento u hoja de cálculo que describe la situación financiera de un individuo en un momento determinado.
Documentos de constitución de la empresa _____	9. Es un documento que permite a una persona conducir un vehículo motorizado.
Lista de equipamento _____	10. Es un breve relato de la educación, las calificaciones y la experiencia previa de una persona.
Informe de antigüedad de cuentas por pagar _____	11. Son los registros formales de las actividades financieras y la posición de una empresa, persona u otra entidad durante todo el año calendario

https://www.sbprou.com/espanol

Bio/resume/certifications	____	12. Inventario de todos los equipos etiquetados con número de equipo, descripción del servicio, capacidad, dimensión y tamaño, peso, potencia requerida, número de orden de compra, números de P&ID de referencia, así como información resumida clave de esos elementos de equipo etiquetados.

Actividad 5: Verdadero o Falso

Después de la Entrega (No se necesita nada más)

	V / F
1. No se necesita más documentación	
2. Ni puedo hacer nada mientras se envían mis documentos	
3. Esperar es facil	
4. Probablemente conocerás a la persona que aprobará tu crédito	

https://www.sbprou.com/espanol

Actividad 6: Emparejamiento - Credit terminología

Límite de la tarjeta _____	a. Un número financiero que indica la probabilidad de que usted pague su deuda y realice los pagos a tiempo.
Puntaje crediticio _____	b. Un registro de su información, incluyendo sus hábitos de pago, según lo informado por sus acreedores a una agencia de informes crediticios. Sirve como referencia financiera cuando solicita crédito u otros servicios.
Informe de crédito _____	c. El monto máximo en dólares que puede pedir prestado, o el máximo que una cuenta puede mostrar como saldo pendiente

Capítulo 4: ¿Dónde encontraré el dinero?

1) Tu historial y puntaje crediticio personal son fundamentales.

2) Tener garantías (colateral) es de gran ayuda.

3) Debes tener tus impuestos presentados para demostrar que estás generando ingresos.

4) Nada de sorpresas: la transparencia total es indispensable. Es mejor declarar algo negativo desde el inicio que se descubra después en el proceso. La credibilidad es uno de los pilares para poder acceder a financiamiento.

¡Aprende, Gana y Crece!

www.SmallBusinessLikeAPro.com

DESAROLLA
TU NEGOCIO

COMO UN
PROFESIONAL
LIBRO DE TRABAJO

CAPÍTULO 5:

¿Soy yo o mis empleados están locos?

DESAROLLA
TU NEGOCIO

COMO UN
PROFESIONAL

Capítulo 5 – ¿Soy yo o mis empleados están locos?

Capítulo 5

¿Soy yo o mis empleados están locos?

medida que su organización crece, su rol principal pasará de gestionarla a liderarla. La mejor manera de lograrlo es dando ejemplo, estableciendo políticas y desarrollando la mejor cultura (ambiente) para alcanzar sus objetivos. No puede delegar estas tres tareas a otra persona; son cruciales para el avance de su organización. Como probablemente nunca lo ha hecho, necesitará ayuda externa en materia de coaching, consultoría o capacitación. Si lo hace bien, su rol en la empresa será más bien el de un símbolo, comunicador y facilitador, en lugar de centrarse en las operaciones diarias del negocio. Ahora bien, esto es importante para pasar de trabajar en su negocio a trabajar para él, y debe completarse si desea dedicar la mayor parte de su tiempo a trabajar en el futuro de su negocio.

Camino Crítico SBPro

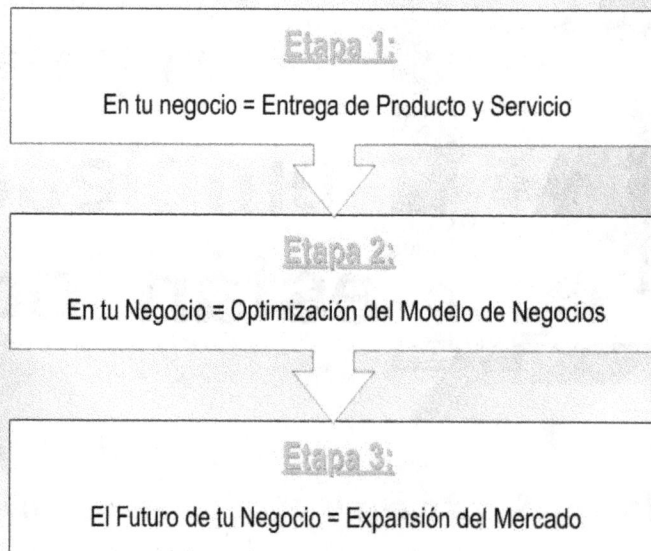

Etapa 1:
En tu negocio = Entrega de Producto y Servicio

Etapa 2:
En tu Negocio = Optimización del Modelo de Negocios

Etapa 3:
El Futuro de tu Negocio = Expansión del Mercado

Conceptos Clave del Libro

Contratar empleados
Dirigir personas
Ser supervisor y gerente
Tener el control
Crear estructura, procesos y el sistema

Lista de ejercicios

Empareja – Descripción de Cargos
Opción Múltiple – Cargos y Tareas
Verdadero o Falso
Empareja – Descripción de Cargos
Empareja – Definiciones

Preguntas de Enfoque:

¿Qué responsabilidades tendrás mientras tu negocio crece?
¿ Qué haces tú vs. qué hacen tus empleados?

https://www.sbprou.com/espanol

Actividad 1: Estructura de Negocios

Relaciona los cuatro roles con su descripción correcta.

Empleado _____	a. Se asegura de que el personal cumpla con su trabajo y de que se alcancen los objetivos semanales. También proporciona retroalimentación sobre el desempeño.
Supervisor _____	b. una persona responsable de dirigir una organización; dirige empresas o agencias gubernamentales y crea planes para ayudar a sus organizaciones a crecer.
Gerente _____	c. Trabajar para mejorar continuamente el negocio en términos de desarrollo de estrategias y planes para aumentar las ventas y la productividad, trabajando a través de otros en lugar de directamente con todos.
Ejecutivo _____	d. Realiza tareas con el debido cuidado y diligencia en las tareas diarias especificadas por el empleador.

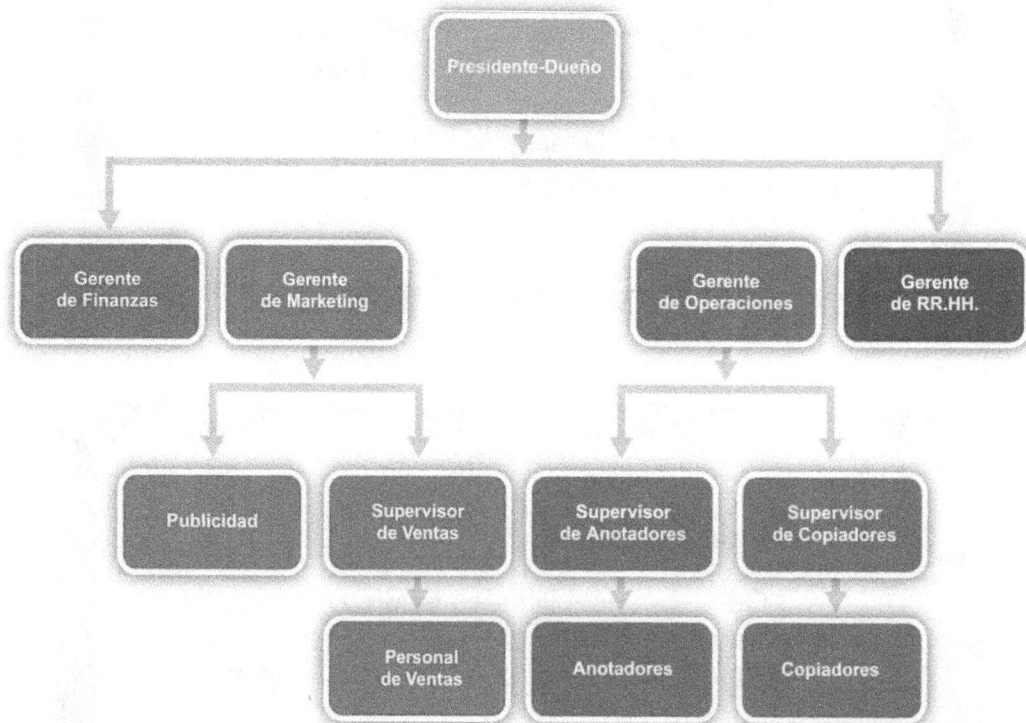

Actividad 2: Estructura del negocio

Asigna las responsabilidades al cargo adecuado

Responsabilidades Laborales	Empleado	Supervisor	Gerente	Ejecutivo
1. ¿De quién es el trabajo de establecer y ayudar al equipo a comprender los objetivos y metas de desempeño?				
2. ¿De quién es el deber de desempeñar las diversas responsabilidades según se le encomienden?				
3. ¿Quién dirige y supervisa las actividades financieras y presupuestarias de una organización?				
4. ¿Quién es responsable de la planificación estratégica, la dirección y la supervisión de las operaciones y la salud fiscal de la organización?				
5. ¿Quién debería supervisar la capacitación y garantizar que los trabajadores estén capacitados adecuadamente para sus funciones específicas?				

https://www.sbprou.com/espanol

Actividad 3: Estructura del negocio

Decide si las siguientes descripciones son verdaderas o falsas.

	V o F
Es fácil ser un buen supervisor y un gerente eficaz al mismo tiempo.	
Administrar, contratar y tratar con personas es la responsabilidad más fácil del propietario de una pequeña empresa.	
La estructura organizacional viene antes que los procesos, que vienen antes que se desarrollen los sistemas.	
Dado que usted es el dueño del negocio, tiene el control y puede establecer todas las reglas, solo usted tiene las herramientas para crear una mejor situación.	
Agregar personas a su pequeña empresa no tendrá mucho impacto.	

Actividad 4: Estructura del negocio

Elija el rol que mejor se adapte a la descripción.

Descripción del Cargo	Empleado	Supervisor	Gerente	Ejecutivo
1. Si trabajo en un hotel y me encargo de las operaciones diarias, lo que incluye asegurarse de que haya suficiente inventario para las comidas, personal adecuado y garantizar la satisfacción del cliente, soy un(a):				
2. Trabajo en una heladería y soy quien sirve el helado. Esto me convierte en:				
3. Si creo planes de negocio completos para el logro de metas y objetivos, soy un(a):				
4. Si mis funciones consisten en gestionar el flujo de trabajo, organizar grupos de trabajo, capacitar a los empleados, supervisar el progreso, hacer cumplir las reglas y garantizar el cumplimiento de la calidad, esto me convierte en un(a):				

https://www.sbprou.com/espanol

Actividad 5: Estructura del negocio (Sistemas, Procesos y Procedimientos)

Empareja los términos con sus procedimientos.

Sistemas	———	1. una colección de tareas vinculadas que encuentran su fin en la entrega de un servicio o producto a un cliente
Procedimientos	———	2. un documento que instruye a los trabajadores sobre la ejecución de una o más actividades de un proceso empresarial
Reglas	———	3. Se refiere a las creencias y comportamientos que determinan cómo los empleados y la gerencia de una empresa interactúan y manejan las transacciones comerciales externas.
Procesos	———	4. Define o restringe algún aspecto del negocio y generalmente se resuelve como verdadero o falso.
Cultura	———	5. una colección de procedimientos, procesos, métodos y/o cursos de acción diseñados para lograr un resultado específico.

https://www.sbprou.com/espanol

Capítulo 5: ¿Soy yo o mis empleados están locos?

1) Incorporar personas cambia inevitablemente tu organización, para bien o para mal.

2) Gestionar, contratar y tratar con personas es una de las responsabilidades más desafiantes para la mayoría de los dueños de pequeños negocios.

3) Es difícil, si no casi imposible, ser al mismo tiempo un buen supervisor y un gerente eficaz.

4) Como dueño del negocio, tienes el control y puedes establecer las reglas; solo tú tienes las herramientas para crear una mejor situación.

5) Diseñar la estructura, los procesos y los sistemas de un negocio no es necesariamente fácil ni rápido.

6) Debes crear una estructura organizacional antes de poder definir procesos, y tener procesos antes de poder desarrollar sistemas.

¡Aprende, Gana y Crece!

www.SmallBusinessLikeAPro.com

DESAROLLA TU NEGOCIO COMO UN PROFESIONAL
LIBRO DE TRABAJO

CAPÍTULO 6:

¿Puedo tener mi viejo trabajo de vuelta?

Capítulo 6: ¿Puedo tener mi viejo trabajo de vuelta?

Capítulo 6

¿Puedo tener mi viejo trabajo de vuelta?

Concepto Clave del Libro

        Riesgos personales
        Recibir pago
        Carga de trabajo
        Mezclar trabajo con lo personal
        Compromiso

Lista de ejercicios:

        Emprendedor vs. Empleado
        Ser propietario vs. trabajar
        Verdadero o Falso - Ser propietario
        Caso de Estudio – Haciendo la Transición

Actividad 1: Emprendedor vs. Empleado

Enumere los pros y contras de tener un negocio.

Tema:

Pros	Contras

Actividad 2: Ser propietario vs. trabajar

Etiquete las descripciones como "D" si es dueño de su propio negocio o "E" si trabaja para otra persona.

1. Crea su propio horario de trabajo.	
2. Completa cualquier tarea que se le encomiende.	
3. Su vida personal, social y financiera está más en riesgo.	
4. Necesita "registrar" su salida de la oficina.	
5. Su producción es directamente proporcional a la cantidad de trabajo que realiza.	
6. Hay posibilidad de ser despedido en cualquier momento.	
7. Tiene poco control	
8. Es independiente y totalmente responsable.	
9. Aprende a arreglárselas con unos pocos recursos.	
10. Lucha por equilibrar el trabajo y el tiempo libre.	

Actividad 3: Verdadero o Falso: Ser Propietario

	V o F
1. Siempre serás el primero en recibir el pago porque eres el dueño del negocio.	
2. Como propietario de un negocio, probablemente trabajará más duro que nunca y ganará menos dinero de lo esperado.	
3. Inicialmente, su crédito personal tiene más peso que el crédito comercial.	
4. La salud personal es un factor a tener en cuenta a la hora de considerar iniciar tu propio negocio.	
5. Una ventaja de tener ingresos W-2 al iniciar un negocio es que los bancos lo prefieren cuando otorgan préstamos a nuevas empresas.	
6. Tu vida empresarial permanece separada de tu vida personal.	
7. Tener un negocio es como criar a un hijo: ocupará un lugar central en tu vida.	
8. Tener el seguro adecuado al iniciar un negocio es esencial.	
9. Todos te pagan justo a tiempo.	
10. El gobierno es indulgente con los impuestos sobre ventas y nóminas atrasados o impagos.	
11. Si su negocio gana más dinero, usted siempre ganará más dinero.	
12. Hay una diferencia entre ser panadero y tener una panadería.	
13. A veces puede tener sentido iniciar un negocio mientras se trabaja en otro empleo de tiempo completo o de tiempo parcial.	

14. Conocer los costos iniciales y los gastos fijos de antemano es fundamental.	
15. Siempre es mejor obtener otras fuentes de financiación en lugar de utilizar fondos propios.	
16. La gente tiende a abandonar las empresas, no a las personas.	
17. Como propietario de un negocio, no es importante si sabes vender.	

https://www.sbprou.com/espanol

Actividad 4: Caso de Estudio: Haciendo la Transición

A continuación, te presentamos un presupuesto mensual y un cronograma semanal para Juan, un contador que actualmente trabaja para una gran empresa. Después de revisar el presupuesto y el cronograma, debes completar una serie de actividades.

Juan y su esposa tienen dos hijos (de 10 y 12 años) y viven en la casa que compraron hace 5 años. Durante los últimos dos años, Juan ha sido ignorado para ascensos y a menudo discute con su jefe. Juan también está falta de propósito. Hace 18 meses, Juan comenzó a ahorrar para iniciar su propio negocio y tiene $10,000 ahorrados. Juan también pagó todas sus demás deudas, excepto la de su casa y autos, que tienen bajas tasas de interés y están casi saldadas. Juan sabe que puede trabajar desde casa y que tres de sus clientes actuales lo seguirán a donde quiera que vaya. Estos tres clientes le aportarían a Juan $50,000 al año en ingresos comerciales.

Presupuesto mensual actual de Juan:

Ingresos de Twin Partners Accounting: $84,000 al año = $7,000 al mes. Juan recibe solo $4,000 al mes después de impuestos, seguro médico y el excelente programa de contribución al plan 401k que ofrece la firma. Además de su salario, Juan también recibe reembolsos por estudios y tiempo libre remunerado (PTO) de su firma.

La esposa de Juan es profesora adjunta y gana $2,000 al mes, lo que eleva los ingresos familiares a $6,000 al mes.

Parte 1: Revisa los gastos mensuales de Juan a continuación y escribe junto a cada gasto si es un deseo o una necesidad. ¿A cuánto crees que Juan podría reducir sus pagos mensuales necesarios?

Artículos Mensuales	Gastos	Gusto o Necesidad	Gastos revisados
Hipoteca	$1,800.00		
Pago de vehículo	600.00		
Comida	950.00		
Utilidades, Telefono, Internet	450.00		
Ropa	200.00		
Gasolina	200.00		
Juguetes	100.00		
Otros	200.00		
Ahorros	100.00		
Total	$6,500.00		

https://www.sbprou.com/espanol

Parte 2: Enumere dos cosas que Juan y su esposa podrían hacer para aumentar sus ingresos si Juan iniciara su propio negocio.

1.	
2.	

Parte 3: ¿Por qué Juan necesitaría ganar más de $84,000 en su propio negocio para mantener su nivel de vida actual?

Parte 4: Horario semanal de Juan

Lunes a Viernes	
6am	Despertar y ejercitar
7am	Llevar a los niños a la escuela
8am – 5pm	Trabajo
5pm – 8pm	Cena con la familia y tiempo con los niños
8pm – 9pm	Tareas del hogar
9pm – 10pm	Relajo con mi pareja
10pm - a dormir	Dormir

Los fines de semana, Juan pasa su tiempo poniéndose al día con las tareas de la casa, jugando con los niños y llevándolos a actividades, viendo a familiares y amigos, teniendo una cita nocturna con su esposa, asistiendo a la iglesia los domingos, leyendo y viendo películas y televisión.

Después de leer la agenda semanal de Juan, enumera al menos tres cambios que Juan podría tener que hacer si dejara su trabajo y comenzara su propio negocio.

1.
2.
3.

https://www.sbprou.com/espanol

Capítulo 6: ¿Puedo tener mi viejo trabajo de vuelta?

1) En un negocio, asumes muchos riesgos personales; eres el último en cobrar, si es que sobra dinero.

2) Como dueño, probablemente trabajarás más que nunca y ganarás menos de lo que esperabas.

3) Renunciar o cerrar no es tan fácil como parece, porque tu vida empresarial está entrelazada con tu vida personal, tanto social como financieramente.

4) Tener un negocio es como criar a un hijo: ocupará el centro de tu vida y se volverá parte de tu identidad.

¡Aprende, Gana y Crece!

www.SmallBusinessLikeAPro.com

Capítulo 7: ¿Cómo me retiraré alguna vez?

¿Cómo me retiraré alguna vez?

omo dijo el reconocido educador Steven Covey, autor de Los siete hábitos de la gente altamente efectiva: «Hagas lo que hagas, es importante empezar con el fin en mente. Al emprender un negocio, debes pensar en tu estrategia de salida». En palabras de Michael Gerber, autor de eMyth: «La tarea de un emprendedor es descubrir cómo va a salir de su negocio».

Conceptos clave del libro

Deberes empresariales
Estrategias de retiro
Seguro de vida
Maximizar el valor de tu negocio
Estrategias de salida viables
Generar ganancias
Obtener una Builder Score

Lista de Ejercicios

Definiciones de seguros
Planificación financiera
Seguro de vida permanente vs temporal
Datos de seguros
Mitigación de riesgos
Impactos en el valor
Maximizar el valor
Incrementar el valor

Actividad 1: Definiciones de seguro

Matching (Insurance) – Match the definition with the corresponding insurance term.

Seguro permanente _____	1. Una póliza de seguro de vida con primas garantizadas y un beneficio por fallecimiento garantizado. Sin embargo, tiene primas más altas debido a las garantías.
Vitalicio _____	2. El monto de cobertura establecido en el contrato de póliza es un factor clave para determinar las primas.
Vida Universal _____	3. Un término general para los planes de seguro de vida que generan valor en efectivo y no vencen.
Vida Variable _____	4. una persona o entidad que recibirá el pago de una póliza de seguro de vida cuando el asegurado fallezca.
Beneficio por Muerte _____	5. Seguro de vida que proporciona cobertura a una tasa fija de pagos por un período limitado, el término relevante
Seguro de vida temporal _____	6. La póliza tiene una cuenta de valor en efectivo, que se invierte en varias subcuentas disponibles dentro de la póliza.
Beneficiario _____	7. Una disposición de una póliza de seguro que agrega beneficios o modifica los términos de una póliza de seguro básica.
Valor nominal _____	8. La parte de una póliza de seguro que genera intereses y que puede estar disponible para que el asegurado la retire o tome prestado en caso de una emergencia.
Clausula Adicional _____	9. El monto en dólares que recibirán los beneficiarios del titular de la póliza tras el fallecimiento del asegurado.
Valor en efectivo _____	10. Según los términos de la póliza, los pagos de primas excedentes sobre el costo actual del seguro se acreditan al valor en efectivo de la póliza, generando intereses cada mes.

https://www.sbprou.com/espanol

Actividad 2: Plan financiero

Emparejamiento – Herramientas de planificación financiera

Número de Seguridad Social _____	a. Un tipo de beneficio de seguro que proporciona alguna compensación o reemplazo de ingresos por lesiones o enfermedades no relacionadas con el trabajo que dejan al asegurado incapacitado para trabajar durante menos de 6 meses.
401k _____	b. La cartera combinada de acciones, bonos u otros activos. Cada inversor posee acciones, que representan una parte de estas inversiones.
Plan de participación en las ganancias _____	c. Una forma de ahorrar personalmente para la jubilación fuera del trabajo que le brinda ventajas fiscales.
Anualidad _____	d. Una póliza de seguro que protege a un empleado de la pérdida de ingresos si no puede trabajar debido a una enfermedad, lesión o accidente durante más de 6 meses.
Traditional IRA _____	e. Un acuerdo legal entre dos personas antes de casarse puede cubrir una amplia variedad de cuestiones centradas en los derechos de propiedad y los activos.
Incapacidad de largo plazo _____	f. Un programa de seguro federal que brinda beneficios a las personas jubiladas y a aquellas que están desempleadas o discapacitadas
Seguro médico mayor _____	g. Cobertura de seguro que brinda al asegurado cobertura de responsabilidad adicional para ayudarlo a pagar los costos que excedan su responsabilidad general u otros límites de póliza de responsabilidad.
Incapacidad a corto plazo _____	h. Un plan de contribución definida que permite a las empresas ayudar a los empleados a ahorrar para la jubilación.

https://www.sbprou.com/espanol

Acuerdo prenupcial _____	i.	Un plan de jubilación calificado que permite a los empleados elegibles de una empresa ahorrar e invertir para su jubilación con impuestos diferidos.
Fondo compartido _____	j.	Seguro hospitalario, quirúrgico y médico que brinda beneficios integrales según lo definido en el estado donde se entregará el contrato.
Póliza paraguas _____	k.	una suma fija de dinero pagada a alguien cada año, generalmente por un período fijo o por el resto de su vida

Actividad 3: Seguro de vida permanente vs. temporal

Enlista los pros y contras entre el seguro de vida permanente y el seguro de vida a término

PROS del seguro permanente	CONTRAS del seguro permanente

PROS del seguro temporal	CONTRAS del seguro temporal

https://www.sbprou.com/espanol

Actividad 4: Datos de Seguros

Nombra el tipo de seguro que representa cada hecho.

Datos de seguros	Temporal	Variable	Vitalicio	Permanente	Universal
1. El tipo de cobertura más simple y barata.					
2. A este tipo de póliza también se le llama "ordinaria" o "sencilla".					
3. Solo ofrece beneficios por fallecimiento sin incremento de remuneración económica.					
4. Invierte los intereses acumulados en su cuentas de fondo mutuo que se invierten en acciones, propiedades, préstamos y otros fondos.					
5. Esta es una de las formas más populares de seguro de vida con valor en efectivo en el mercado actual y tiene tres subcategorías básicas.					
6. Contiene una cuenta que acumula valor en efectivo sobre una base de impuestos diferidos y, por lo general, se puede acceder a al menos una parte de este dinero en cualquier momento sin consecuencias fiscales y se puede utilizar para cualquier propósito.					

https://www.sbprou.com/espanol

7. Sólo permanece en vigor durante un tiempo predeterminado, como por ejemplo 10 o 20 años.					
8. Paga al propietario de la póliza dividendos periódicamente, como trimestralmente o anualmente, según una tasa de interés garantizada.					

https://www.sbprou.com/espanol

Actividad 5: Mitigación de riesgos en divorcios

¿Cuál de las siguientes no es una estrategia recomendada para que los propietarios de empresas se protejan a sí mismos y a sus activos en caso de divorcio?

1.	Revise sus opciones para establecer un acuerdo de compra-venta, una corporación, una LLC o un fideicomiso en vida para restringir la propiedad y la transferencia de propiedad.
2.	Revise su acuerdo de asociación para exigir que los otros socios tengan la opción de comprar las participaciones del socio divorciado y su cónyuge.
3.	Establezca, financie y administre cuidadosamente su negocio con activos separados.
4.	Evite mezclar sus activos/cuentas/gastos comerciales con sus activos/cuentas/costos personales.
5.	Desarrolla tu empresa lo suficiente hasta el punto en que estés satisfecho y luego intenta venderla.
6.	Páguese un salario acorde al mercado.
7.	Si un negocio está en disputa en el divorcio, se debe asignar un valor a este. Acuerden una cantidad con la que ambos puedan vivir. Luego, consideren cómo distribuirlo a su cónyuge mediante pago en efectivo, mediante una compensación con otros bienes a los que renunciará o mediante pagos a plazos.

Actividad 6: Impactos en el valor

En la siguiente actividad, elija cómo cada acción impactará el valor del negocio.

	Incrementa	Disminuye	Depende
1. Reducir la dependencia de un solo cliente.			
2. Centrándose únicamente en los ingresos.			
3. Creciente dependencia de un solo empleado.			
4. Creciente dependencia de un único proveedor.			
5. Centrarse en vender menos cosas a más personas.			
6. Creación de ingresos recurrentes.			
7. Trasladar su negocio a una mejor ubicación con características físicas difíciles de replicar.			
8. Tener un cliente que represente más del 20% de tus ingresos.			
9. Crear un producto o servicio único y difícil de replicar.			
10. No contar con estados financieros auditados.			
11. Creación de tasas de conversión de clientes predecibles.			
12. Tener todo el conocimiento y poder del negocio en manos del propietario.			
13. No tener una plataforma para que los clientes revisen productos y servicios.			
14. Aumento de las ganancias.			
15. Desarrollando una marca.			

https://www.sbprou.com/espanol

Actividad 7: Maximizar de valor

Selecciona verdadero o falso

Para maximizar el valor de su negocio y evitar sobreestimar el valor de su negocio, debe...	V o F
1. Sepárate del apego emocional al negocio.	
2. Configura tu negocio de manera que dependa de ti.	
3. Vender activos físicos como bienes raíces.	
4. Comprenda cómo funciona la valoración empresarial.	
5. Desarrollar relaciones con compradores potenciales a lo largo del tiempo.	
6. Mostrar ingresos y rentabilidad.	
7. Mantener un tamaño de negocio constante sin ampliarlo.	
8. Desarrollar una marca fuerte y reconocible que impulse negocios repetidos.	

https://www.sbprou.com/espanol

Actividad 8: Incrementar el valor

Lea la breve descripción del negocio a continuación y enumere tres posibles maneras de aumentar su valor.

Debido a problemas de edad y salud, un médico de 65 años quiere vender su negocio y jubilarse anticipadamente. Es el único médico en ejercicio, y en los últimos años, su actividad ha disminuido debido a que ha estado trabajando menos. Su estrategia de publicidad y marketing no ha cambiado en 20 años, y actualmente alquila su oficina en una zona remota de la ciudad. Si bien tiene una larga lista de clientes satisfechos, su negocio sólo está valorado en $100,000 cuando esperaba $1 millón.

¿Cuáles son tres cosas que podría hacer para aumentar el valor de su negocio?

1.
2.
3.

https://www.sbprou.com/espanol

Capítulo 7: ¿Cómo me retiraré alguna vez?

1) El trabajo de un emprendedor es definir cómo y cuándo saldrá de su negocio.

2) Como dueño, eres 100% responsable de diseñar e implementar tu propia estrategia de retiro.

3) Prepárate para la jubilación desde temprano adquiriendo un seguro de vida permanente, pagando impuestos al seguro social, estableciendo un plan de retiro, contratando un seguro por discapacidad y, si aplica, manteniendo tu matrimonio.

4) Enfócate en maximizar el valor de tu negocio y desarrollar una estrategia de salida viable. Comienza al menos cinco años antes de la fecha en que podrías querer vender.

5) Las utilidades, no las ventas, son las que determinan el valor de tu empresa. Una fórmula general para estimar ese valor es: de 2 a 4 veces las utilidades, más activos, menos pasivos.

6) Obtén tu puntuación en Value Builder para conocer cómo se califica tu empresa en los ocho factores clave que impulsan su valor. Visita https://valuebuilder.com/for-business-owners/

¡Aprende, Gana y Crece!

www.SmallBusinessLikeAPro.com

DESAROLLA
TU NEGOCIO

COMO UN
PROFESIONAL
LIBRO DE TRABAJO

SBPro® Critical Path

Stage 1
In Your Business = Product & Service Delivery

Stage 2
On Your Business = Business Model Optimization

Stage 3
Future of Your Business = Market Expansion

Copyright © 2018 Andrew Frazier Jr. All Rights Reserved.

DESAROLLA
TU NEGOCIO

COMO UN
PROFESIONAL

CAPÍTULO 8:

Desarrolla Tu Negocio como un Profesional

Capítulos 8, 9, 10 y 11 - ¡Así es como se hace!

Actividad 1: Preguntas de Verdadero o Falso

Preguntas	V o F
1. Es más fácil para el propietario de un negocio evaluar su propio negocio objetivamente sin ayuda externa.	
2. Una evaluación empresarial debe centrarse únicamente en el rendimiento financiero.	
3. Conocer su punto de partida y destino es fundamental para el éxito empresarial.	
4. La visualización debe incluir objetivos a corto, mediano y largo plazo.	
5. Crear una visión significa redactar una declaración de visión simple.	
6. El análisis financiero es opcional a la hora de planificar el crecimiento del negocio.	
7. Para desarrollar un modelo de negocio optimizado, debes conocer tus ganancias brutas y netas.	
8. El análisis de marketing incluye el estudio de la competencia.	
9. Los costos fijos no tienen impacto en la rentabilidad del negocio.	
10. Los planes de implementación deben definir roles y responsabilidades.	
11. El seguimiento del rendimiento es opcional si confía en sus empleados.	
12. Todas las iniciativas deberían implementarse simultáneamente para ahorrar tiempo.	
13. La medición y el seguimiento deben incluir datos tanto cualitativos como cuantitativos.	
14. La Metodología SBPro es un proceso único.	

https://www.sbprou.com/espanol

Actividad 2: Preguntas de opción múltiple

1. Según el manual, ¿qué aspecto NO es esencial al visualizar su negocio?
   - o A) Número de sucursales
   - o B) Objetivos de ingresos y ganancias
   - o C) Colores de su oficina
   - o D) Estructura organizacional

2. ¿Por qué se requiere a menudo información externa durante una evaluación?
   - o A) Para externalizar la responsabilidad
   - o B) Para ofrecer una perspectiva más objetiva
   - o C) Para ahorrar dinero
   - o D) Para crear materiales de marketing

3. ¿Cuándo debería reevaluar su visión?
   - o A) Solo al final de una década
   - o B) Anualmente
   - o C) Mensualmente
   - o D) Semanalmente

4. ¿Cuál NO es una forma de optimizar tus costos variables?
   - o A) Negociar con proveedores
   - o B) Contratar más gerentes
   - o C) Externalizar servicios no esenciales
   - o D) Aumentar la productividad

5. Al crear recomendaciones, ¿en cuántas iniciativas clave debería centrarse?
   - o A) De 1 a 3
   - o B) De 5 a 7
   - o C) De 8 a 10
   - o D) Tantas como sea posible

https://www.sbprou.com/espanol

6. ¿Cuál de estos NO forma parte de una implementación exitosa?
   - ○ A) Comunicación clara
   - ○ B) Responsabilidades definidas
   - ○ C) No se necesitan mediciones
   - ○ D) Alineación organizacional

7. ¿Cuál es la fase final de la metodología SBPro?
   - ○ A) Análisis
   - ○ B) Implementación y seguimiento
   - ○ C) Evaluación
   - ○ D) Desarrollo de marca

8. ¿Qué mentalidad debes mantener al monitorizar resultados?
   - ○ A) Pasiva
   - ○ B) Reactiva
   - ○ C) Proactiva
   - ○ D) Defensiva

Actividad 3: Preguntas reflexivas

¿Cuáles fueron las verdades brutales más importantes a las que se enfrentó durante la evaluación de su negocio?

_____

_____

_____

_____

_____

_____

_____

https://www.sbprou.com/espanol

¿Qué recomendación tendrá el impacto más significativo si se implementa en su totalidad?

_____

_____

_____

_____

_____

_____

_____

¿Cómo puede garantizar la coherencia en el seguimiento del rendimiento de su negocio?

_____

_____

_____

_____

_____

_____

_____

Capítulo 8

1) Todo negocio necesita un proceso definido que lo impulse hacia adelante.

2) El camino clave para un emprendimiento exitoso es trabajar DENTRO del negocio, luego trabajar SOBRE el negocio, y finalmente, trabajar SOBRE el futuro del negocio.

3) La mayoría de los dueños de pequeños negocios nunca logran trabajar sobre su negocio porque no entienden cómo hacerlo ni por qué es importante..

4) Necesitas evaluar el estado actual de tu negocio, analizar lo que requiere para crecer a futuro y desarrollar e implementar un plan de crecimiento utilizando la Metodología SBPro.

5) Los pasos de la Metodología SBPro son: evaluación y visualización; análisis y recomendaciones; implementación y seguimiento.

6) Considera contratar consultores externos que te ayuden a lo largo de este proceso.

Capítulo 9

1) No es fácil evaluarte a ti mismo con precisión — busca ayuda.

2) La Evaluación SBPro es una herramienta poderosa y fácil de usar.

3) Visualiza tu negocio: debes poder verlo antes de poder hacerlo realidad.

Capítulo 10

1) El análisis te ayuda a optimizar las estrategias que utilizas para alcanzar tus objetivos.

2) Siempre utiliza el modelo de negocio como parte fundamental de tu análisis.

3) Enfócate en no más de tres recomendaciones a la vez.

Capítulo 11

1) El análisis te permite optimizar las estrategias que utilizas para alcanzar tus metas.

2) Utiliza siempre el modelo de negocio como base en tu análisis.

3) Enfócate en no más de tres recomendaciones a la vez para mantener claridad y enfoque.

https://www.sbprou.com/espanol

Llave de Respuestas

CAPÍTULO 1 - LLAVE DE RESPUESTAS

Actividad 2: Combina los siguientes Propósitos Empresariales con las definiciones correctas

Propósito Empresarial	Respuesta
5. Organizado para lograr una misión más que para generar una ganancia, y para el cual, los ingresos de la organización serán distribuídos para la beneficencia.	**Sin Fines de Lucro**
6. Una actividad a la que te sumas "por deporte o recreación, no para generar ganancias". Incluso, si generas ingresos ocasionales a través de dicha actividad, el propósito principal es otro aparte de generar una ganancia.	**Hobby**
7. Una organización orientada hacia los negocios, formada especialmente por fundadores que buscan tomar riesgos e iniciativas y perseguir expansión en terrenos empresariales en pro de obtener ganancias.	**Empresa**
8. Un individuo obtiene ingresos mediante la realización de operaciones rentables de un comercio o negocio que opera directamente.	**Trabajo Independiente**

https://www.sbprou.com/espanol

CAPÍTULO 3 - LLAVE DE RESPUESTAS

Actividad 1: Relaciona las siguientes cuentas con sus definiciones contables correspondientes:

Activos ___3___	1. La cantidad neta de dinero que se transfiere dentro y fuera de una empresa, especialmente en lo que afecta a la liquidez.
Pasivo ___4___	2. El nivel de propiedad o valor contable.
Ingresos ___6___	3. Cualquier cosa de valor que se haya comprado y se conserve dentro del negocio.
Equidad ___2___	4. Las deudas u obligaciones legales y financieras de una empresa que surgen durante las operaciones comerciales regulares.
Gastos ___5___	5. Costos asociados con el funcionamiento de un negocio
Ganancias ___7___	6. Ingresos brutos generados por operaciones comerciales normales con descuentos y devoluciones incluidos
Flujo ___1___	7. una ganancia financiera, la diferencia entre ventas y gastos

Actividad 2: Relaciona los nombres y definiciones de los estados financieros clave.

Estados Financieros ___B___	a. Importe neto de efectivo y equivalentes de efectivo que se transfieren dentro y fuera de una empresa
Hoja de balances ___C___	b. Indica cuánto dinero ganó la empresa al restar los gastos (fijos y variables) de los ingresos (ventas). También se conoce como resultado.
Flujo de Efectivo ___A___	c. Un estado financiero que informa los activos, pasivos y capital social de una empresa en un momento específico.

Actividad 3: Relacione las siguientes cuentas con sus definiciones correspondientes.

Cuentas por pagar ___4___	1. Valor de las materias primas disponibles, el trabajo en curso y los productos terminados según el costo
Depreciación ___5___	2. Gastos que se han pagado por adelantado

https://www.sbprou.com/espanol

Ganancias retenidas ___8___	3. Dinero adeudado a la empresa por los clientes
Cuentas por cobrar ___3___	4. Dinero que una empresa debe a sus proveedores
Inventario ___1___	5. Una reducción del valor de un activo a lo largo del tiempo.
Pagarés ___7___	6. Pagos de inversores a cambio de acciones de una entidad.
Gastos pagados por adelantado ___2___	7. Un acuerdo que una empresa debe a otra persona o empresa.
Capital pagado ___6___	8. La utilidad neta acumulada de la empresa que se retiene dentro de la empresa.

Actividad 4: Relacione las categorías claves del modelo de negocio.

Costo de los Bienes Vendidos ___E___	a. Gastos de negocio que deben pagarse haya ventas o no
Ganancia ___F___	b. Ventas totales menos gastos totales
Costos variables ___C___	c. Gastos de negocio que tienen una relación directa con las ventas
Costos fijos ___A___	d. la ganancia financiera después de deducir el costo de entregar los productos y servicios de una empresa
Beneficio bruto ___D___	e. el valor contable de los bienes vendidos durante un período determinado
Ingresos netos ___B___	f. Ingresos brutos generados por los clientes menos descuentos y devoluciones

https://www.sbprou.com/espanol

Actividad 5: Clasifique las palabras en las categorías: activo (A), pasivo (P) o gasto (G)

Efectivo	__A__	Cuentas por pagar	__P__
Utilidade	__G__	Salarios a pagar	__P__
Equipamento	__A__	Renta	__G__
Impuestos sobre la renta	__P__	Pagarés	__P__
Coche de la compañía	__A__	Oficinas	__A__
Cuentas por cobrar	__A__	Suministros	__A__
Intereses por pagar	__P__	Cuentas de ahorro	__A__
Inventario	__A__	Terrenos	__A__

Actividad 6: Completa la fórmula utilizando el banco de palabras que aparece a continuación.

Flujo de efectivo = __**Entrada de Efectivo**__ – __**Salida de Efectivo**__

Ganancias = ____**Ventas**____ – ____**Gastos**____

Activos = __**Pasivos**__ + __**Equidad**__

Banco de Palabras
• Equidad
• Salidas de efectivo
• Gastos
• Ventas
• Entradas de efectivo
• Pasivos

Actividad 7: Al presupuestar y obtener cifras esenciales, es fundamental conocer la diferencia entre costos fijos y costos variables. Para que practiques, hemos enumerado algunos gastos que toda empresa tiene, y debes clasificar cada uno en la categoría adecuada. Determina el costo fijo (CF) o el costo variable/COGS (CV).

Seguro	__CF__	Impuestos sobre la propiedad	__CF__
Salários	__CF__	Tarjetas de Crédito	__CV__
Utilidades	__CF__	Renta	__CF__
Materia Prima	__CV__	Comisiones	__CV__
Gastos por intereses	__CF__	Salarios de empleados de producción	__CV__

Actividad 8: Categorización del estado de resultados

https://www.sbprou.com/espanol

An Income Statement tells how much money the business made by subtracting expenses (fixed and variable) from revenues (sales). Also known as the Profit & Loss (P&L) or business model. In the exercise below fill in the Type column with the abbreviation of the corresponding statement section for each item in the word bank. This exercise will help you learn the parts of an Income Statement.

Income Statement

Company Name:	Ron's Jewelry

Date:

Revenue:

R	$	10,398.00
R	$	5,293.00

Total Revenue:	$	15,691.00

Cost of Goods Sold:

CGS	$	2,387.00
CGS	$	1,783.00
CGS	$	290.00

Total Cost of Goods Sold:	$	4,460.00
Gross Profit (Loss):	$	11,231.00

Fixed Expenses

FE	$	2,500.00
FE	$	250.00
FE	$	223.00
FE	$	80.00

TOTAL FIXED COSTS	$	3,053.00

NET PROFIT	$	8,178.00

Word Bank (write the corresponding section abbreviation next to each item)				
	TYPE			**TYPE**
Utilities	FE	Shipping Costs		CGS
Bracelet Supplies	CGS	Insurance		FE
Rent	FE	Bracelet Sales		R
Internet	FE	Necklace Supplies		CGS
Necklace Sales	R			

Actividad 9: Categorización del balance general

https://www.sbprou.com/espanol

A Balance Sheet provides the financial position of the business at a single point in time, like a personal net worth statement. Financial statements make it much easier to both understand and manipulate the numbers. A lot of additional information about your business can be learned by analyzing the financial statements. For more information on the importance of the numbers and financial statements see Chapter 3 of Running Your Small Business Like a Pro. Complete the exercise at the bottom of the sheet.

Balance Sheet

Company Name:

Date:

Assets			Liabilities		
Current Assets			**Current Liabilities:**		
CA	$	100.00	CL	$	200.00
CA	$	5.00	CL	$	150.00
CA	$	100.00	CL	$	45.00
CA	$	50.00	Total Current Liabilities	$	395.00
CA	$	75.00			
Total Current Assets	$	330.00			
			Long Term Liabilities		
Fixed Assets			LTL	$	700.00
FA	$	2,000.00	LTL	$	1,000.00
FA	$	1,200.00	Total Long Term Liability	$	1,700.00
Total Fixed Assets	$	3,200.00			
			Equity		
			E	$	600.00
			E	$	835.00
			Total Equity	$	1,435.00
Total Assets	$	3,530.00	Total Liabilities & Equity	$	3,530.00

Word Bank (Write the corresponding section abbreviation next to each item)			
Building & Equipment	FA	Accounts Payable	CL
Loans	LTL	Retained Earnings	E
Paid In Capital	E	Depreciation	FA
Mortgage	LTL	Inventory	CA
Accounts Receivable	CA	Prepaid Expenses	CA
Unpaid Expenses	CL	Notes Payable	CL
Cash	CA	Deposits	CA

https://www.sbprou.com/espanol

Activity 10: Categorías del estado de flujo de efectivo

Invertir el flujo de efectivo __5__	1. La cantidad de efectivo que una empresa tiene al inicio del ejercicio fiscal. Esta es igual al saldo de caja del ejercicio fiscal anterior.
Fin del efectivo __4__	2. Efectivo relacionado con la obtención de capital, dividendos y pago de deuda, que proporciona información sobre cómo una empresa financia sus operaciones y crecimiento.
Flujo de caja operativo __6__	3. La diferencia entre las entradas y salidas de efectivo totales de una empresa durante un período específico proporciona información sobre su salud financiera y su liquidez.
Flujo de efectivo neto __3__	4. La cantidad de efectivo o equivalente que tiene una empresa al final de un período específico.
Financ. del flujo de caja __2__	5. Efectivo generado o gastado en actividades como comprar o vender activos a largo plazo, valores u otras empresas.
Flujo de efectivo inicial __1__	6. El efectivo que una empresa genera a partir de sus actividades comerciales principales.

Actividad 11: Coincidencia de actividades del estado de flujo de efectivo

Determine qué actividades de flujo de efectivo se ven afectadas por las siguientes transacciones:

Flujo de caja operativo "**O**" - Invertir el flujo de efectivo "**I**" - Financiamiento del flujo de caja "**F**"

No es un flujo de efectivo "**N**"

Préstamo del Banco	__F__	Venta facturada	__N__
Compra de inventario en efectivo	__O__	Compra de equipo	__I__
Pago de servicios públicos	__O__	Renta	__O__
Materia Prima	__O__	Comisiones	__O__
Intereses de un préstamo	__O__	Salarios de los empleados de prod.	__O__
Comprar un edificio	__I__	Compra de acciones	__F__
Pago del capital del préstamo	__F__	Venta en efectivo	__O__
Salarios de empleados admin.	__O__	Crédito por compra de inventario	__N__
Dereciación	__N__	Compra con tarjeta de crédito	__N__

https://www.sbprou.com/espanol

CAPÍTULO 4 - LLAVE DE RESPUESTAS

Actividad 1: Verdadero o Falso – Conocimientos útiles sobre financiamiento

	V o F
1. Desde la crisis financiera de 2008, obtener financiación empresarial se ha vuelto mucho más fácil.	F
2. La cantidad de documentación, planificación y preparación necesarias para la financiación es mucho mayor.	V
3. La mayoría de los propietarios de pequeñas empresas que buscan financiación no la consiguen porque carecen de un plan de negocios viable y/o del flujo de caja necesario.	V
4. El conocimiento sobre cómo funciona su negocio no incluye conocer su modelo de negocio.	F
5. La financiación colectiva es una forma sencilla de recaudar capital.	F
6. Financiar su negocio con subvenciones es la mejor estrategia.	F
7. Un préstamo a tipo de interés variable siempre es mejor que un préstamo a tipo de interés fijo.	F
8. La mayor razón para subestimar lo que se necesita para iniciar su negocio es no incluir el capital de trabajo.	V
9. No importa si su contador sabe si usted está buscando financiación.	F
10. Si sus costos iniciales son de $100,000, lo más probable es que necesite aportar un mínimo de $25,000.	F

Actividad 2: Para comprender mejor los puntajes e informes crediticios, completa la siguiente actividad de opción múltiple.

Pregunta	Empleadores	Prestamistas de autos	emisores de tarjetas de crédito	Agencias de Cobranza
¿Qué grupo(s) no pueden acceder a tu informe de crédito sin permiso por escrito?	X	X	X	

https://www.sbprou.com/espanol

Entendiendo los Reportes de Crédito	Dañino	Beneficioso	Neutral
1. Solicitar muchas líneas de crédito es…	X		
2. Disputar inexactitudes en tu reporte es…		X	
3. Obtener una copia de tu reporte es…			X
4. Pagar un saldo vencido te es…		X	
5. No pagar a tiempo es…	X		
6. Obtener ayuda profesional es…		X	
7. Pagar tu deuda vencida es…		X	
8. Contactar a sus acreedores es…			X
9. Dejar cuentas abiertas con saldo cero es…	X		

Actividad 3: Emparejando a diferentes tipos de inversores

Inversión personal __4__	1. Ideal para préstamos de $10,000 o menos, o hasta $25,000 o $50,000. Estos prestamistas se enfocan en empresas que no pueden obtener financiamiento bancario tradicional.
Familia y Amigos __8__	2. Es mejor cuando se trabaja con empresas grandes e instituciones gubernamentales, que pueden tardar entre 45, 60 y 90 días antes de pagarle una factura.
Micropréstamo __1__	3. Particulares y grupos de personas que han reunido su dinero y desean invertir en empresas emergentes prometedoras y negocios en etapa inicial.
Prestamistas de Flujo __7__	4. El primer paso en el proceso financiero; nadie te dará dinero sin esto
Crédito comercial __10__	5. Es extremadamente difícil de obtener y hay muchas condiciones.
Factoraje (AR y PO) __2__	6. Estos prestamistas van desde bancos comerciales, comunitarios, de ahorro, de inversión, mercantiles y privados hasta cooperativas de crédito.

Banca tradicional	__6__	7.	Le financiaremos en función del flujo de caja que entra y sale de su negocio.
Angel Investors	__3__	8.	Una inversión probable porque te conocen o te aprecian
Capital de Riesgo	__5__	9.	Generalmente, se requiere que una empresa sea rentable con un producto o servicio probado y tenga potencial de crecer significativamente.
Capital privado __9__		10.	Implica obtener condiciones de pago de sus proveedores para que usted no tenga que pagarles contra reembolso.

Actividad 4: Empareja los documentos requeridos

Declaración de impuestos personales/empresariales	__5__	1.	Es un informe que enumera las facturas de clientes impagas y las notas de crédito no utilizadas por rangos de fechas.
Estados de cuenta del año hasta la fecha	__11__	2.	Es un registro impreso del saldo de una cuenta bancaria y de los montos que se han pagado en ella y retirado de ella, emitido periódicamente al titular de la cuenta.
Estados financieros personales	__8__	3.	Es un documento que establece los objetivos futuros de una empresa y las estrategias para alcanzarlos.
Informe de antigüedad de cuentas por cobrar	__1__	4.	Es una descripción general de lo que su empresa debe por suministros, inventario y servicios.
Calendario de deuda	__7__	5.	Es un formulario en el que el propietario de un negocio realiza una declaración anual de ingresos y circunstancias personales, utilizado por las autoridades fiscales para evaluar la responsabilidad fiscal.
Plan de negocios	__3__	6.	Son los documentos que se presentan inicialmente ante la autoridad correspondiente y se conocen como Artículos de Incorporación.
Licencia para conducir	__9__	7.	Se establece toda la deuda que tiene una empresa en un cronograma basado en su vencimiento,

https://www.sbprou.com/espanol

	generalmente utilizado por las empresas para construir un análisis de flujo de efectivo
Estados de Cuenta __2__	8. Es un documento u hoja de cálculo que describe la situación financiera de un individuo en un momento determinado.
Documentos de constitución de la empresa __6__	9. Es un documento que permite a una persona conducir un vehículo motorizado.
Lista de equipamento __12__	10. Es un breve relato de la educación, las calificaciones y la experiencia previa de una persona.
Informe de antigüedad de cuentas por pagar __4__	11. Son los registros formales de las actividades financieras y la posición de una empresa, persona u otra entidad durante todo el año calendario
Bio/resume/certifications __10__	12. Inventario de todos los equipos etiquetados con número de equipo, descripción del servicio, capacidad, dimensión y tamaño, peso, potencia requerida, número de orden de compra, números de P&ID de referencia, así como información resumida clave de esos elementos de equipo etiquetados.

Actividad 5: Verdadero o Falso

	V / F
1. No se necesita más documentación	F
2. Ni puedo hacer nada mientras se envían mis documentos	F
3. Esperar es facil	F
4. Probablemente conocerás a la persona que aprobará tu crédito	F

Actividad 6: Emparejamiento

Límite de la tarjeta __C__	a. Un número financiero que indica la probabilidad de que usted pague su deuda y realice los pagos a tiempo.
Puntaje crediticio __A__	b. Un registro de su información, incluyendo sus hábitos de pago, según lo informado por sus acreedores a una agencia de informes

https://www.sbprou.com/espanol

		crediticios. Sirve como referencia financiera cuando solicita crédito u otros servicios.
Informe de crédito	__B__	c. El monto máximo en dólares que puede pedir prestado, o el máximo que una cuenta puede mostrar como saldo pendiente

https://www.sbprou.com/espanol

CAPÍTULO 5 - LLAVE DE RESPUESTAS

Actividad 1: Relaciona los cuatro roles con su descripción correcta.

Empleado __D__	a. Se asegura de que el personal cumpla con su trabajo y de que se alcancen los objetivos semanales. También proporciona retroalimentación sobre el desempeño.
Supervisor __A__	b. una persona responsable de dirigir una organización; dirige empresas o agencias gubernamentales y crea planes para ayudar a sus organizaciones a crecer.
Gerente __C__	c. Trabajar para mejorar continuamente el negocio en términos de desarrollo de estrategias y planes para aumentar las ventas y la productividad, trabajando a través de otros en lugar de directamente con todos.
Ejecutivo __B__	d. Realiza tareas con el debido cuidado y diligencia en las tareas diarias especificadas por el empleador.

Actividad 2: Asigna las responsabilidades al cargo adecuado

Responsabilidades Laborales	Empleado	Supervisor	Gerente	Ejecutivo
1. ¿De quién es el trabajo de establecer y ayudar al equipo a comprender los objetivos y metas de desempeño?			X	
2. ¿De quién es el deber de desempeñar las diversas responsabilidades según se le encomienden?	X			
3. ¿Quién dirige y supervisa las actividades financieras y presupuestarias de una organización?			X	
4. ¿Quién es responsable de la planificación estratégica, la dirección y la supervisión de las operaciones y la salud fiscal de la organización?				X
5. ¿Quién debería supervisar la capacitación y garantizar que los		X		

https://www.sbprou.com/espanol

trabajadores estén capacitados adecuadamente para sus funciones específicas?				

Actividad 3: Decide si las siguientes descripciones son verdaderas o falsas.

	V o F
Es fácil ser un buen supervisor y un gerente eficaz al mismo tiempo.	F
Administrar, contratar y tratar con personas es la responsabilidad más fácil del propietario de una pequeña empresa.	F
La estructura organizacional viene antes que los procesos, que vienen antes que se desarrollen los sistemas.	T
Dado que usted es el dueño del negocio, tiene el control y puede establecer todas las reglas, solo usted tiene las herramientas para crear una mejor situación.	T
Agregar personas a su pequeña empresa no tendrá mucho impacto.	F

Actividad 4: Elija el rol que mejor se adapte a la descripción.

Descripción del Cargo	Empleado	Supervisor	Gerente	Ejecutivo
5. Si trabajo en un hotel y me encargo de las operaciones diarias, lo que incluye asegurarse de que haya suficiente inventario para las comidas, personal adecuado y garantizar la satisfacción del cliente, soy un(a):			X	
6. Trabajo en una heladería y soy quien sirve el helado. Esto me convierte en:	X			
7. Si creo planes de negocio completos para el logro de metas y objetivos, soy un(a):				X
8. Si mis funciones consisten en gestionar el flujo de trabajo, organizar grupos de trabajo, capacitar a los empleados,		X		

https://www.sbprou.com/espanol

supervisar el progreso, hacer cumplir las reglas y garantizar el cumplimiento de la calidad, esto me convierte en un(a):				

Actividad 5: Empareja los términos con sus procedimientos.

Sistemas	__5__	1.	una colección de tareas vinculadas que encuentran su fin en la entrega de un servicio o producto a un cliente
Procedimientos	__2__	2.	un documento que instruye a los trabajadores sobre la ejecución de una o más actividades de un proceso empresarial
Reglas	__4__	3.	Se refiere a las creencias y comportamientos que determinan cómo los empleados y la gerencia de una empresa interactúan y manejan las transacciones comerciales externas.
Procesos	__1__	4.	Define o restringe algún aspecto del negocio y generalmente se resuelve como verdadero o falso.
Cultura	__3__	5.	una colección de procedimientos, procesos, métodos y/o cursos de acción diseñados para lograr un resultado específico.

https://www.sbprou.com/espanol

Actividad 2: Etiquete las descripciones como "D" si es dueño de su propio negocio o "E" si trabaja para otra persona.

Crea su propio horario de trabajo.	D
Completa cualquier tarea que se le encomiende.	E
Su vida personal, social y financiera está más en riesgo.	D
Necesita "registrar" su salida de la oficina.	E
Su producción es directamente proporcional a la cantidad de trabajo que realiza.	D
Hay posibilidad de ser despedido en cualquier momento.	E
Tiene poco control	E
Es independiente y totalmente responsable.	D
Aprende a arreglárselas con unos pocos recursos.	D
Lucha por equilibrar el trabajo y el tiempo libre.	D

https://www.sbprou.com/espanol

Actividad 3: Verdadero o Falso

	V o F
1. Siempre serás el primero en recibir el pago porque eres el dueño del negocio.	F
2. Como propietario de un negocio, probablemente trabajará más duro que nunca y ganará menos dinero de lo esperado.	V
3. Inicialmente, su crédito personal tiene más peso que el crédito comercial.	V
4. La salud personal es un factor a tener en cuenta a la hora de considerar iniciar tu propio negocio.	V
5. Una ventaja de tener ingresos W-2 al iniciar un negocio es que los bancos lo prefieren cuando otorgan préstamos a nuevas empresas.	V
6. Tu vida empresarial permanece separada de tu vida personal.	F
7. Tener un negocio es como criar a un hijo: ocupará un lugar central en tu vida.	V
8. Tener el seguro adecuado al iniciar un negocio es esencial.	V
9. Todos te pagan justo a tiempo.	F
10. El gobierno es indulgente con los impuestos sobre ventas y nóminas atrasados o impagos.	F
11. Si su negocio gana más dinero, usted siempre ganará más dinero.	F
12. Hay una diferencia entre ser panadero y tener una panadería.	V
13. A veces puede tener sentido iniciar un negocio mientras se trabaja en otro empleo de tiempo completo o de tiempo parcial.	V
14. Conocer los costos iniciales y los gastos fijos de antemano es fundamental.	V
15. Siempre es mejor obtener otras fuentes de financiación en lugar de utilizar fondos propios.	F
16. La gente tiende a abandonar las empresas, no a las personas.	F
17. Como propietario de un negocio, no es importante si sabes vender.	F

https://www.sbprou.com/espanol

CAPÍTULO 7 - LLAVE DE RESPUESTAS

Activity 1: Emparejamiento de tipos de seguro

Seguro permanente __3__	1. Una póliza de seguro de vida con primas garantizadas y un beneficio por fallecimiento garantizado. Sin embargo, tiene primas más altas debido a las garantías.
Vitalicio __1__	2. El monto de cobertura establecido en el contrato de póliza es un factor clave para determinar las primas.
Vida Universal __10__	3. Un término general para los planes de seguro de vida que generan valor en efectivo y no vencen.
Vida Variable __6__	4. una persona o entidad que recibirá el pago de una póliza de seguro de vida cuando el asegurado fallezca.
Beneficio por Muerte __9__	5. Seguro de vida que proporciona cobertura a una tasa fija de pagos por un período limitado, el término relevante
Seguro de vida temporal __5__	6. La póliza tiene una cuenta de valor en efectivo, que se invierte en varias subcuentas disponibles dentro de la póliza.
Beneficiario __4__	7. Una disposición de una póliza de seguro que agrega beneficios o modifica los términos de una póliza de seguro básica.
Valor nominal __2__	8. La parte de una póliza de seguro que genera intereses y que puede estar disponible para que el asegurado la retire o tome prestado en caso de una emergencia.
Clausula Adicional __7__	9. El monto en dólares que recibirán los beneficiarios del titular de la póliza tras el fallecimiento del asegurado.
Valor en efectivo __8__	10. Según los términos de la póliza, los pagos de primas excedentes sobre el costo actual del seguro se acreditan al valor en efectivo de la póliza, generando intereses cada mes.

https://www.sbprou.com/espanol

Actividad 2: Emparejamiento de herramientas de planificación financiera

Número de Seguridad Social ___F__	a) Un tipo de beneficio de seguro que proporciona alguna compensación o reemplazo de ingresos por lesiones o enfermedades no relacionadas con el trabajo que dejan al asegurado incapacitado para trabajar durante menos de 6 meses.
401k ___I___	b) La cartera combinada de acciones, bonos u otros activos. Cada inversor posee acciones, que representan una parte de estas inversiones.
Plan de participación en las ganancias ___H___	c) Una forma de ahorrar personalmente para la jubilación fuera del trabajo que le brinda ventajas fiscales.
Anualidad ___K__	d) Una póliza de seguro que protege a un empleado de la pérdida de ingresos si no puede trabajar debido a una enfermedad, lesión o accidente durante más de 6 meses.
Traditional IRA ___C___	e) Un acuerdo legal entre dos personas antes de casarse puede cubrir una amplia variedad de cuestiones centradas en los derechos de propiedad y los activos.
Incapacidad de largo plazo ___D___	f) Un programa de seguro federal que brinda beneficios a las personas jubiladas y a aquellas que están desempleadas o discapacitadas
Seguro médico mayor __J___	g) Cobertura de seguro que brinda al asegurado cobertura de responsabilidad adicional para ayudarlo a pagar los costos que excedan su responsabilidad general u otros límites de póliza de responsabilidad.
Incapacidad a corto plazo ___A___	h) Un plan de contribución definida que permite a las empresas ayudar a los empleados a ahorrar para la jubilación.
Acuerdo prenupcial ___E___	i) Un plan de jubilación calificado que permite a los empleados elegibles de una empresa ahorrar e invertir para su jubilación con impuestos diferidos.
Fondo compartido ___B___	j) Seguro hospitalario, quirúrgico y médico que brinda beneficios integrales según lo definido en el estado donde se entregará el contrato.
Póliza paraguas ___G___	k) una suma fija de dinero pagada a alguien cada año, generalmente por un período fijo o por el resto de su vida

https://www.sbprou.com/espanol

Actividad 3: Enlista los pros y contras entre el seguro de vida permanente y el seguro de vida a término

PROS del seguro permanente	CONTRAS del seguro permanente
La cobertura puede durar toda tu vida.	Es **más costoso**.
El costo del seguro **no aumenta con el tiempo**.	Las opciones son más complejas (Seguro Entero, Variable y Universal).
Incluye un componente de inversión y ahorro con acumulación de valor en efectivo.	Es más difícil calificar para este tipo de seguro.

PROS del seguro temporal	CONTRAS del seguro temporal
Es más económico.	La cobertura solo dura un periodo específico, y debes renovarla a un precio más alto.
Es más fácil calificar para este tipo de seguro.	El precio aumenta significativamente al renovarlo a mayor edad.
Permite obtener mayor cobertura en momentos específicos (por ejemplo, necesidades familiares o deudas).	Es posible que no puedas renovarlo si tu estado de salud cambia considerablemente.
Puedes aumentar la cobertura fácilmente y a bajo costo durante un periodo determinado.	No genera valor en efectivo.
Puedes elegir entre distintos plazos de cobertura (5, 10, 20 o 30 años).	-

https://www.sbprou.com/espanol

Actividad 4: Nombra el tipo de seguro que representa cada hecho.

Datos de seguros	Temporal	Variable	Vitalicio	Permanente	Universal
1. El tipo de cobertura más simple y barata.	X				
2. A este tipo de póliza también se le llama "ordinaria" o "sencilla".			X		
3. Solo ofrece beneficios por fallecimiento sin incremento de remuneración económica.	X				
4. Invierte los intereses acumulados en su cuentas de fondo mutuo que se invierten en acciones, propiedades, préstamos y otros fondos.		X			
5. Esta es una de las formas más populares de seguro de vida con valor en efectivo en el mercado actual y tiene tres subcategorías básicas.					X
6. Contiene una cuenta que acumula valor en efectivo sobre una base de impuestos diferidos y, por lo general, se puede acceder a al menos una parte de este dinero en cualquier momento sin consecuencias fiscales y se puede utilizar para cualquier propósito.				X	
7. Sólo permanece en vigor durante un tiempo predeterminado, como por ejemplo 10 o 20 años.	X				
8. Paga al propietario de la póliza dividendos periódicamente, como trimestralmente o anualmente, según una tasa de interés garantizada.			X		

https://www.sbprou.com/espanol

Actividad 5: ¿Cuál de las siguientes no es una estrategia recomendada para que los propietarios de empresas se protejan a sí mismos y a sus activos en caso de divorcio?

Revise sus opciones para establecer un acuerdo de compra-venta, una corporación, una LLC o un fideicomiso en vida para restringir la propiedad y la transferencia de propiedad.
Revise su acuerdo de asociación para exigir que los otros socios tengan la opción de comprar las participaciones del socio divorciado y su cónyuge.
Establezca, financie y administre cuidadosamente su negocio con activos separados.
Evite mezclar sus activos/cuentas/gastos comerciales con sus activos/cuentas/costos personales.
Desarrolla tu empresa lo suficiente hasta el punto en que estés satisfecho y luego intenta venderla.
Páguese un salario acorde al mercado.
Si un negocio está en disputa en el divorcio, se debe asignar un valor a este. Acuerden una cantidad con la que ambos puedan vivir. Luego, consideren cómo distribuirlo a su cónyuge mediante pago en efectivo, mediante una compensación con otros bienes a los que renunciará o mediante pagos a plazos.

https://www.sbprou.com/espanol

Actividad 6: En la siguiente actividad, elija cómo cada acción impactará el valor del negocio.

	Incrementa	Disminuye	Depende
1. Reducir la dependencia de un solo cliente.	X		
2. Centrándose únicamente en los ingresos.			X
3. Creciente dependencia de un solo empleado.		X	
4. Creciente dependencia de un único proveedor.		X	
5. Centrarse en vender menos cosas a más personas.			X
6. Creación de ingresos recurrentes.	X		
7. Trasladar su negocio a una mejor ubicación con características físicas difíciles de replicar.	X		
8. Tener un cliente que represente más del 20% de tus ingresos.			X
9. Crear un producto o servicio único y difícil de replicar.	X		
10. No contar con estados financieros auditados.		X	
11. Creación de tasas de conversión de clientes predecibles.	X		
12. Tener todo el conocimiento y poder del negocio en manos del propietario.		X	
13. No tener una plataforma para que los clientes revisen productos y servicios.			X
14. Aumento de las ganancias.	X		
15. Desarrollando una marca.	X		

https://www.sbprou.com/espanol

Actividad 7: Seleccione verdadero o falso

Para maximizar el valor de su negocio y evitar sobreestimar el valor de su negocio, debe...	V o F
1. Sepárate del apego emocional al negocio.	V
2. Configura tu negocio de manera que dependa de ti.	F
3. Vender activos físicos como bienes raíces.	F
4. Comprenda cómo funciona la valoración empresarial.	V
5. Desarrollar relaciones con compradores potenciales a lo largo del tiempo.	V
6. Mostrar ingresos y rentabilidad.	V
7. Mantener un tamaño de negocio constante sin ampliarlo.	F
8. Desarrollar una marca fuerte y reconocible que impulse negocios repetidos.	V

CAPÍTULOS 8, 9, 10 y 11 - LLAVE DE RESPUESTAS

Actividad 1: Seleccione verdadero o falso

Preguntas	V o F
1. Es más fácil para el propietario de un negocio evaluar su propio negocio objetivamente sin ayuda externa.	F
2. Una evaluación empresarial debe centrarse únicamente en el rendimiento financiero.	F
3. Conocer su punto de partida y destino es fundamental para el éxito empresarial.	V
4. La visualización debe incluir objetivos a corto, mediano y largo plazo.	V
5. Crear una visión significa redactar una declaración de visión simple.	F
6. El análisis financiero es opcional a la hora de planificar el crecimiento del negocio.	F
7. Para desarrollar un modelo de negocio optimizado, debes conocer tus ganancias brutas y netas.	V
8. El análisis de marketing incluye el estudio de la competencia.	V
9. Los costos fijos no tienen impacto en la rentabilidad del negocio.	F
10. Los planes de implementación deben definir roles y responsabilidades.	V
11. El seguimiento del rendimiento es opcional si confía en sus empleados.	F
12. Todas las iniciativas deberían implementarse simultáneamente para ahorrar tiempo.	F
13. La medición y el seguimiento deben incluir datos tanto cualitativos como cuantitativos.	V
14. La Metodología SBPro es un proceso único.	F

https://www.sbprou.com/espanol

Actividad 2: Preguntas de selección múltiple

1. Según el manual, ¿qué aspecto NO es esencial al visualizar su negocio?

    ○ **C) Colores de su oficina**

2. ¿Por qué se requiere a menudo información externa durante una evaluación?

    ○ **B) Para ofrecer una perspectiva más objetiva**

3. ¿Cuándo debería reevaluar su visión?

    ○ **B) Anualmente**

4. ¿Cuál NO es una forma de optimizar tus costos variables?

    ○ **C) Externalizar servicios no esenciales**

5. Al crear recomendaciones, ¿en cuántas iniciativas clave debería centrarse?

    ○ **A) De 1 a 3**

6. ¿Cuál de estos NO forma parte de una implementación exitosa?

    ○ **C) No se necesitan mediciones**

7. ¿Cuál es la fase final de la metodología SBPro?

    ○ **B) Implementación y seguimiento**

8. ¿Qué mentalidad debes mantener al monitorizar resultados?

    ○ **C) Proactiva**

https://www.sbprou.com/espanol

Biografía del Autor

ANDREW FRAZIER, MBA, CFA
"El Masterpreneur" y fundador
Small Business Pro University
Andrew@MySBPro.com

Andrew Frazier, MBA, CFA, maestro emprendedor y fundador de Small Business Pro University, está revolucionando la forma en que los empresarios escalan. A través de su innovador Marco de Estrategia Masterpreneur™, Andrew ayuda a los emprendedores a liberar su potencial de liderazgo e impulsar un crecimiento rápido y sostenible.

Con más de 15 años de experiencia como coach empresarial, consultor y formador, Andrew ha trabajado individualmente con más de 1000 empresarios, identificando los desafíos clave que les impiden alcanzar sus metas. Su Marco de Estrategia Masterpreneur™ aborda las brechas críticas de conocimiento y las deficiencias de habilidades, ofreciendo una metodología probada que empodera a los empresarios de cualquier sector para liderar con confianza y lograr resultados extraordinarios.

Su enfoque único y holístico combina estrategia empresarial, experiencia financiera y coaching de liderazgo para ayudar a los emprendedores a tomar decisiones basadas en datos, optimizar las ganancias e impulsar el crecimiento sostenible. Como autor de tres influyentes libros de negocios, presentador de la transmisión en vivo/podcast "Leadership LIVE @ 8:05! Talking Small Business" con más de 200 episodios y organizador de eventos de networking empresarial de alto impacto durante 12 años, la influencia de Andrew llega a decenas de miles de empresarios, ofreciendo perspectivas prácticas y resultados multimillonarios.

La trayectoria de Andrew Frazier, desde repartidor de periódicos en cuarto grado hasta convertirse en un reconocido líder empresarial, es testimonio de su incansable empuje y su inigualable experiencia. Andrew ha desarrollado una capacidad única para guiar a empresarios a través de desafíos complejos combinando su formación en Ingeniería del MIT, su MBA en la Universidad de Nueva York y su título de Analista Financiero Certificado (CFA) con experiencia práctica como oficial naval, ejecutivo de una empresa Fortune 500 y emprendedor en serie. Su diversa trayectoria le permite aportar una perspectiva multifacética a cada cliente, empoderándolos para lograr resultados innovadores al evolucionar como líderes y transformar sus negocios

https://www.sbprou.com/espanol

El conjunto más completo de contenidos y recursos para emprendedores y propietarios de empresas

https://www.sbprou.com/espanol

¿Por qué unirte?

Accedes a contenido valioso, recursos y relaciones para construir su negocio MÁS RÁPIDO y FÁCIL

https://www.sbprou.com/espanol

Obtén un curso prueba GRATUITO

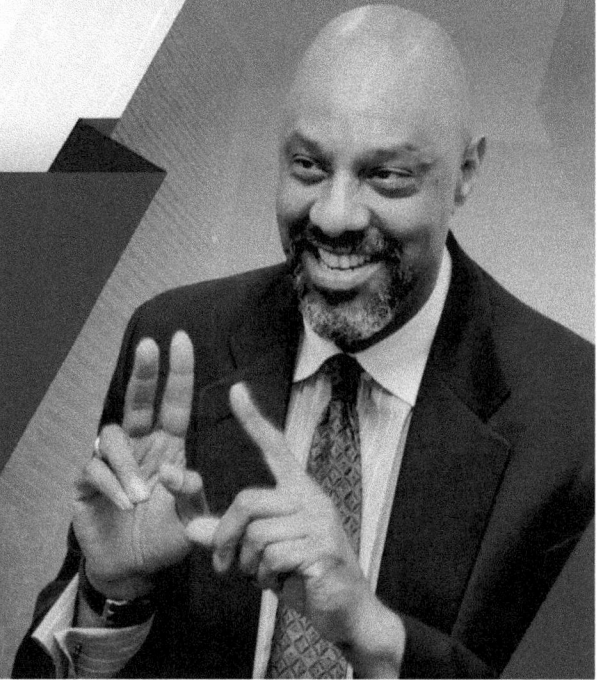

https://learn.smallbusinessprouniversity.com/

www.ingramcontent.com/pod-product-compliance
Lightning Source LLC
Chambersburg PA
CBHW081820200326
41597CB00023B/4319